ウォール街の狼が明かす

ヤバすぎる成功法則

ジョーダン・ベルフォート［著］
クリス岡崎［監訳］

フォレスト出版

「彼は野心とハードワークで**人生を変える力を持ったお手本のような男**だよ。
その面では、彼は他に類を見ないモチベーターだと言える。
ジョーダンを知って何年にもなるし、彼の会社を何度も訪れたことがあるが、
彼のように人を巻き込む力を持った人物は他では見たことがないね」

――レオナルド・ディカプリオ

監訳者の言葉

クリス岡崎

「ジョーダン・ベルフォートを知ってるか?
映画『ウルフ・オブ・ウォールストリート』でディカプリオが演じた主人公のモデルになった男だ」

突然の電話の主は、友人の世界NO1の国際プロモーター、リチャード・タンだった。

そう聞いても僕は映画を観ていないのでわからない。

「とにかく映画を観ておいてくれ。また話をしよう」

私はその夜、さっそく「ウルフ・オブ・ウォールストリート」を観に行った。公開されてから2カ月以上経っているのに満員の状態だった。

とにかく内容のハチャメチャ加減は度を越していた。ストーリーは、ストックブローカーのジョーダン・ベルフォートの栄枯盛衰を振り返るというものだった。強引で体育会系の営業の現場を見ているようだった。

「クリス！　映画を観たか？　ジョーダン・ベルフォートはすごい！　映画では確かにハチャメチャだけど、その後更生して、今では社会貢献のために**国際モチベーショナル・スピーカーとして活躍**している！

ジョーダンは、数人のチンピラみたいな男たちに販売のトレーニングすることから始め、会社をたった数年で１０００人規模になるまでに育てた。その技術を世界の販売や交渉、会議や、和平のために教えてるんだ！」

リチャードは再度電話をかけてきてそう言った。

世界ＮＯ１モチベーターのアンソニー・ロビンズに師事し、人間が行動する心理とモチベーションに関しては人一倍研究してきた私としては、聞き捨てならない話だ。

「日本に行くから、その時に話をしよう！」

リチャードはそう言って電話を切った。

日本に来たリチャードと私は、ジョーダンの本を読み、最新のセミナーの映像を観ながら、打ち合わせを重ね、ジョーダンのコンテンツを研究した。

映画「ウルフ・オブ・ウォールストリート」で一番印象に残っているのは、

「俺にこのペンを買わせてみろ」

と、ディカプリオ演ずるジョーダンが数人の男たちに言うシーンだ。

そこにいた男たちは一人ひとり、いかにそのペンが優れているかを力説してペンを売ろうとする。しかし、売ることができない。

最後の一人が、契約書にサインをする状況をつくり出す。すかさず、その男が、ジョーダンにペンを差し出す。

ペンを必要としていない人に、ペンの良さをアピールする男たちと違って、最後の男は、ペンがなくては困るという状況を創造したのだ。

これが、本書でご紹介するジョーダンの「ストレートライン・システム」というノウハウの真骨頂である。このノウハウがあれば、誰もが成功をつかめる。

実際、ジョーダンはこのストレートライン・システムを駆使して、26歳で年収49億円を達成、その後服役し、一度は表舞台から姿を消すものの、再び世界的スピーカーとして完全復活を果たし、世界中から招聘《しょうへい》されている。

成功者とは、セールスのプロだ。そのノウハウを持つ者ほど、富を得ることができるのだ。

私はNLPを学び、研究し、日々研鑽《けんさん》しているが、ジョーダンのセールスのテクニックのベースはNLPのスキルに近いものがある。

これは、ジョーダンが子どもの頃からセールスの現場で多くの人たちにものを販売するうちに、自然と売れるパターンを見つけ、それを研鑽していった結果、生み出したものだろう。人の論理と感情に訴え、人に自発的な行動を起こさせる、よくできた納得のサイエンスがそこにはある。

特に彼が強調するトナリティー（声の調子）の使い分けは、一瞬で人に信頼感を生み出させ、ラポールを形成するものだ。ジョーダンが特にトナリティーを強調するのは、電話でのセールスが多かったからなのかもしれない。実際にジョーダンのプログラムを受けると視覚情報、聴覚情報、体感覚情報へのアクセスがバランス良く、また強力だ。

人に行動を促すプレゼンテーションは、そのスキルを学ぶことで劇的に効果を上げることができる。

そしてこのスキルは、過去人間が使ってきた最も原始的な「会話」のスキルだ。

会話に伴う、声のトーン、言葉の選び方、姿勢、身体《からだ》の動かし方、目の方向……すべてが言葉にならないメッセージを声高に叫んでいる。そして、その声が聴こえる人と聴こえない人の人生には、歴然とした差がついてしまう。

あなたがジョーダンの言葉の魔術を学ぶなら、このスキルは、**営業という狭い枠の中だけではなく、人生のすべての領域に大きな変化をもたらすことができる。**

このスキルは、あなたと他人とのかかわり方全般に大きな影響を与えるものだ。

ジョーダンはこれまでに、シロウトに本書で紹介するテクニックをイチから教え、成功をつかませてきた。つまり、本書を読めば、あなたもそのノウハウを必ず身につけることができる。

セールスとは人に何かを伝えることであり、人間関係にもセールスのような一面がある。セールスを知ることは人間を知ることであり、人間を知ることは誰かを大切にすることの始まりなのだから。

成功を目指すのなら、ジョーダンのセールステクニックを身につけるのが、最短コースだ。

あなたがこの本を読んで、自らの人生を誇りに思い、誰かの人生に良き光を当てる人になってくれるなら私は嬉《うれ》しい。

監訳者の言葉／2

序章

大金を得ていい人間、悪い人間

いくらお金持ちになっても「本質は変わらない」／16
お金持ちは「セールスの能力」を磨く／18
あなたは99％の「何も手にできない人」になっていないか？／20

第1章

誰もが「ウォール街の狼」になれる

誰もが持つ「4つの資質」を拡張させろ／24

初めからセールスのスキルがあったわけではない／28
浮浪者を「一流のセールスパーソン」に変える／31
ルールを知らない者は「敗北」する／36
「メンター」を軽視してはいけない／39

第2章

成功と富を手に入れられない本当の理由

あなたは「まがいもの」をつかまされていないか？／42
あなたの人生の「Big WHY」は何か？／43
「信念」がチャレンジを阻害する／47
ノロノロするのは「お金の無駄」／52
「内界」と「外界」の両方で生きていることを理解せよ／56
あなたを富と成功に導く「４つのＣ」／57

あなたの成功を左右する「2つの信念」／61
クロージングを失敗に導く「苦手意識」／64
「お客のサイフから金を出させて、自分のサイフに入れる」方法／68
知らないでは済まない「ビジネスのルール」／73

第3章

あなたのサイフが自動的にうるおう「ストレートライン・システム」3つの秘密

「ストレートライン・システム」の開発前夜／78
ストレートラインの秘密①
たった4秒で「3つの印象」を伝えられる／81
ストレートラインの秘密②
話の内容が間違っていても「伝わってしまう」／88
ストレートラインの秘密③

言葉ではなく「声の調子」が重要／92
「富の評価表」で満点を取れ／97

第4章

ストレートライン・システム「5つのシグナル」と「ルーピング」

ストレートラインとは
浮動票を「イエスにするステップ」／102
ストレートラインで誰もが「生まれながらのクローザー」になれる／103
ストレートライン・システムの「3つの教義」／105
「スリーテンズ」を外して成約することは不可能／106
成約率をさらに引き上げる「2つの要素」／113
迷っている相手に「イエス」を言わせる「ルーピング」／118
「5つのシグナル」と「ルーピング」で自然にノーをイエスに変えられる／120
見込み客の「不承知」をいかに「かわす」か？／122

常勝を確約するルーピングの「プロセス」／125
ルーピングには「台本」が必須《ひっす》／130
ウォール街の狼がすすめる「必勝フレーズ」／133

第5章

ストレートライン・システム「トナリティー」と「ボディ・ランゲージ」

成功をつかむ「7つのベース」／138
トナリティーの重要な「8つのパターン」／139
トナリティーの目的は「信頼を築くこと」／148
トナリティーの効果を倍増させる「ボディ・ランゲージ」／151
「ボディ・ランゲージ」は電話でも伝わる／154
ボディ・ランゲージの「具体的なテクニック」／158

第6章

ストレートライン・システム「見込み客の発掘」と「生涯にわたる顧客づくり」

ふるいにかけて「見込み客」を探し出せ！／164
活動は「じょうご型」で捉える／165
「買い手の４つのタイプ」と「顧客を特定する３つの鍵」／167
見込み客をあぶり出す「質問技法」／173
「生涯にわたる顧客」をつくれ／176
生涯にわたる顧客をつくる「６つの戦略」／180
既存顧客からの紹介で「新規顧客を獲得」する／190

第7章

ストレートライン・システム「台本」

「セールスの台本」は必ず書く／196
感情を揺さぶる「台本」を書け／198
ストレートライン・システムにおける「効果的な台本」とは？／201
勝てる台本が持つ「3つの構成」／205
効果を倍増させる練習の「ポイント」／211

序章

大金を得ていい人間、悪い人間

いくらお金持ちになっても「本質は変わらない」

「お金持ちになりたい」「成功したい」と願う人はこの世の中に腐るほどいる。しかし、そのために何かを具体的に実践している人は意外と少ない。

私の回顧録が原作になっている映画「ウルフ・オブ・ウォールストリート」の中で、ディカプリオ演じる主人公は高級住宅街の豪邸に住み、美女をはべらせ、プライベート・ジェットや豪華ヨットを所有し、この世で考えつく限りのありとあらゆる贅沢《ぜいたく》な生活を送っている。この映画を観た人なら、「一度くらいあんな生活をしてみたい……」と思うだろう。

当時26歳だった私には「倫理」というものが欠けていたので、まさに歯止めの利かない状態だった。今では反省しているが、そんな経験の中でもこれだけは確信している。

「いくら大金を手にしてお金持ちになっても、その人の持っている本質は変わらない」

ということだ。

よく勘違いされるが、お金持ちになることでその人の性格が変わることはない。お金持ちになった人が慢心しているように見えたり、欲深くなったように見えたとしたら、それはもともとその人の内面にそうした傾向があったということだ。つまり、**お金とは、単純にあなたの資質を拡大してくれるだけ**のものなのだ。

お金は、自分自身を拡大させ、世の中に名を知られるきっかけをつくってくれるものに過ぎない。

お金を持つことで、いろいろな世界が開け、今までに見えなかった風景を俯瞰《ふかん》して見ることができる。

お金儲け自体を嫌悪する人がいるが、それは間違いだ。お金を持つことで人は成長することができる。お金のストレスから解放された人は、自分のしたいことを自由に行なう力を手に入れることができる。

お金を持った人の中には、より多くの人をお金持ちにして幸せにしようという夢を持つ人も現れる。実際、私がモチベーショナル・スピーカーとして世界中を忙しく駆け回っているのもそのような理由による。

前置きが長くなったが、お金を稼ぐにはどうしたらいいのか?

お金持ちは「セールスの能力」を磨く

それは何よりも**「セールスの力」を身につけること**だ。

セールスとは、他人に商品やサービスを提供して、その対価としてお金をもらうこと、顧客が商品やサービスを購入するように説得すること、である。

あなたがすすめる商品もしくはサービスを顧客が買うかどうかは、顧客に対してあなたがどのような影響力を行使するかにかかっている。高圧的なセールス、親愛やシンパシーを感じさせるセールスなど、アプローチはさまざまだろう。

世の中には、セールスを否定的に捉える人がいるが、実はほとんどの人が意識的か無意識的かを問わずセールスをしている。

売っているのは商品やサービスだけではない。**自分のアイデアやコンセプトはもちろん、将来へのビジョンを語り、共感してもらうことも立派なセールス**だ。

あなたがどこかの会社の採用試験を受け、面接の時、重役連中の前で一生懸命自分の長所を語ったとしよう。これは自分の労働力の価値を面接官に売り込んでいるわけだから、立派なセールスだと言える。

ここで、私が投資銀行ＬＦロスチャイルドの面接試験で、どんな方法で自分を売り込んだかをご紹介しよう。

面接には、私の他にも人が呼ばれていたので、面接官に自分を印象付けるために、何か突拍子もないことをした方がいいと考えた。

そこで、私は面接官相手に株を売り込んだのだ。その銘柄にいかに大きな価値があるかを、たっぷり語った。このパフォーマンスのおかげで私は採用になったのだ。

セールスにおいては、商品はもちろん、それを売る自分自身のストーリーを上手く語らなければならない。あなたが紡ぎだすストーリーが熱意や臨場感に溢《あふ》れていればいるほど、顧客には商品が魅力的に映る。

そして、ストーリーテリングに成功したら、後はクロージング、つまり契約を成立させるだけだ。

誰しもさまざまな局面でセールスをしている。逆に言えば、生きていて、何も売り込んでいなければ、その人の人生は失敗していると言える。

人は常に何かを売り込むために相手を説得し、何らかの影響を与える——。それは他者とつながっている証拠だ。

つまり、セールスとは、あなたが人生から得たいものを手に入れるための最高にクールな方法なのだ。セールスによって、お金も良好な人間関係も手に入れることができるのだから。

あなたは99％の「何も手にできない人」になっていないか？

世の中には2種類の人間が存在する——。


欲しいものをすべて手に入れることができる1％の人たちと、何も手に入れることができない、残りの99％の人々である。

セールスで気後れしてしまう人はもちろん後者に属する。彼らは環境に左右される人間で、ほとんどの人はこのカテゴリーに属している。

こうした人は、成功するための具体的な計画がないと言えるが、人生は自分の価値に見合ったものを与えてくれる、と信じている。

たとえば、宝くじに当たるのをただ待っているような人だ。要するに、運が良ければ、金持ちになれるだろうと漫然と考えている。

だから、彼らは、自分が欲しいものを手に入れるために、あえて行動を起こすことも、主張することもない。

しかし、残念ながらそんな幸運は訪れない。明確なビジョンとそれを実現するための確固とした理由を持って、自ら何かを主体的に行なおうとしない人間には、一生富も成功もやってこない。聖書にも「天は自ら助くる者を助く」と書いてある。

一方、前者は「人生の勝者＝ビジョナリー」と呼ばれる人だ。

彼らは心の中にビジョンやアイデアを持っていて、それを達成するまでの過程をすべて見通すことができる。そして、彼らは影響力を行使している。

あなたがこの種の人間になれば、人生で欲しいものをすべて手に入れることができるだろう。

つまり、あなたが**勝者の側に身を置きたいと思うのならば、セールスは不可避**である。死ぬ気で働いてセールスをして商品を売り、積み重ねていくしか道はない。

そのためには、セールスをすることに気後れしてはいけない。そして、セールスを成功させるためのメソッドが、本書で紹介する**「ストレートライン・システム」**なのだ。

私は、生まれながらのセールスパーソンだと言っても過言ではないと自負している。この私のセールスのスキルを誰でも習得できるように体系化したものが、ストレートライン・システムだ。

私はこのシステムを活用して、ストリートでドラッグをやっているような若者たちを一人前のセールスパーソンに仕立てた。映画「ウルフ・オブ・ウォールストリート」は、その様子を正確に描写している。

ぜひ、あなたにもストレートライン・システムを身につけ、成功を手にしてほしい。

ストレートライン・システムの話に入る前に、ビジネスを成功させるための基本的な話をあなたと共有したい。私自身の昔話も交え、お話ししていこう。

第1章

誰もが「ウォール街の狼」になれる

誰もが持つ「4つの資質」を拡張させろ

私がＬＦロスチャイルドに入りたての頃、最初の上司が「この仕事では、気合いが絶対的に必要だ。株なんて黙っていて売れるものではない。売りつけるんだ！」とよく言っていた。私は、箴言《しんげん》だと思った。

商品を他人に「売る」という行為には強い意志が必要になるからだ。

セールスのカリスマになるためには、

1　大きな目標を設定する

2　ポジティブに考える

3　理由と動機

4　心を開く

という４つの必須《ひっす》項目がある。では、１つずつご紹介していこう。

❶ 大きな目標を設定する

所得の目標を設定しよう。ただし、目標は常に、あなたが可能だと思うレベルよりも高めに設定するのがコツだ。仮にあなたが、６カ月以内に月に40万円の所得を得たいと思ったら、以下のように目標を設定しよう。

①６カ月以内に、月に50万円の所得を得る
②４カ月以内に、月に40万円の所得を得る

❷ ポジティブに考える

ネガティブなものを人生から締めだし、ポジティブな考え方をしよう。たとえば、悪い習慣、悪い思考プロセス、悪い友人、悪い人間関係を切り捨てよう。そして、人生をより良くしたいと考えるポジティブな人々や、人生の勝者たちと付き合うのだ。

自ら起業した証券会社ストラットン・オークモント社を率いて「ウォール街の狼」

と呼ばれていた頃の私は、それこそポジティブ思考の塊で毎日がイケイケで、従業員たちも同じだった。

顧客に株を売りつける時に、一瞬でもネガティブな思考の迷路に入り込んだら、セールスはできない。

ただし、人間関係では、多少の問題があったかもしれない。私の周りには昼間からドラッグをやったり、社内でコールガールと不埒《ふらち》な行為に及んだりする奴らばかりだったからだ。

もう、本や映画ですべて公になっているから、隠したってしかたない。幸い、証券業界から追放され、刑務所に22カ月入ったおかげで、今ではそういう連中とは手が切れ、新しい人脈と良好な関係を築いている。

❸ 理由と動機

あなたがセールスを学んで、売り上げを伸ばしたいと思うなら、そこには必ず理由があるはずだ。そうした理由は、困難な状況に見舞われた時に、あなたのよりどころになるだろう。理由とは目標であり、継続するための原動力となるものである。

また、誰にでもそれぞれの理由があるのだから、間違った理由など存在しない。「高級車に乗って、助手席に美人の妻をはべらせたい」「40歳には引退して、静かで悠々自適な晩年を過ごしたい」……など、何でも構わない。誰もが納得する清廉潔白な理由を見つけようなんて言うつもりはない。私に言えた義理じゃない。

まずは、あなたにとっての理由と動機を見つけてほしい。

❹ 心を開く

セールスや説得をするということは、あなたが提供したい商品やサービスに力を吹き込むということだ。

商品やサービスの価値を世の人々に訴えるには、何らかの方法で売り込んだり、説得したりしなければならない。何かを売ることは「邪悪な」ことではない。そのような囚《とら》われた価値観は捨てなければならない。


これら４つはあくまでもセールスの基礎の基礎だ。この４つができない人は、セールスには向いていないと思うかもしれないが、その気になれば苦労することなく、ほとんどの人が持てる資質だ。

初めからセールスのスキルがあったわけではない

「私はセールスパーソンではない」という理由で、セールスを軽視し、売るためにはいいものを作り出すことが大事だと考えている人がいるかもしれない。

しかし、はっきり言ってこれは**負け犬の思考**だ。前に述べたように、セールスから背を向けてビジネスをすることは、ほとんどの業種で不可能だからだ。

セールスをすることが、いけないこと、無益なもの、と思い込んでいるのなら、それはセールスに対する苦手意識の裏返しだと考えるべきだ。

実際のところ、**セールスは学習可能なスキルであって、習得するのはそれほど難しくない**。ちょっと視点や発想を変えさえすれば、誰にだって習得可能なのだ。

私はこの世に生を受けた瞬間から起業家だった。もちろん、最初からスキルがあったわけではない。ただ、起業家として成功したいという願望だけは常にあった。

初めての仕事は、８歳の時にやった新聞配達だ。私は新規の購読客を獲得するために、飛び込み営業を行なったが上手くいかなかった。

その原因は、新聞を購読していない人たちに対してセールスをしていたからだ。その時、父親の友人のあるマーケターが、私が上手くいかないのを見かねてアドバイスをくれた。

「ジョーダン、やり方が逆だ。他の新聞配達の少年についていって、彼らと戦うんだよ。彼らの顧客にセールスするんだ。なぜなら、新聞を１紙読む人は、２紙目も読むからだ。

どんな人にペプシを売れば買ってくれると思うかい？　それは、コーラを飲む人たちだ。コーラがいいものだと知らない人にセールスしても上手くいかないんだ。**ターゲットを絞って、その分野に興味のある人を見つける**んだ」

これを契機に私の事業は爆発的に拡大した。

ただし、母は私に医者になることを望んでいたので、人様の家のドアを叩いて新聞を販売していることをよく思っていなかったこともあり、この事業を長く続けることはなかった。

最終的に、9歳半の時に、自分が担当していた新聞配達地域を35ドルで売却した。しかし、気分は悪くなかった。

この私の体験には、セールスに関して、あるいはマーケティングに関して示唆に富んだ教訓が隠されている。

すなわち、ターゲットをきちんと絞り込んで、そこに全力で売り込む、ということだ。

「自分にとって最良の潜在的顧客を見つけ出すこと」に気づくには、「発想の転換」が必要になる。

これは何も特別な能力がなければならないということではない。むしろ、常識をほんの少し働かせればいいと言える。標的を確定して、その分野に興味のある人を見つければいいのだ。

つまり、**炭酸飲料を飲まない人間にペプシを売っても無駄だ**ということだ。売るならば、炭酸飲料を飲む習慣のある人間であり、たとえばコカ・コーラを飲む人間だ。とてもシンプルな理屈だろう。

セールスが苦手な人、敵視している人は、こうしたごく初歩的なマーケティングの知識が不足していることがよくある。

営業力を向上させるためには、この他にも多くの方法論があるので、本書で紹介していく。私が開発したストレートライン・システムもその１つだ。

浮浪者を「一流のセールスパーソン」に変える

もう少し私の話を続けよう。

16歳で私はそれなりの成功を収めた。ニューヨークのジョーンズ・ビーチでアイスを売るビジネスに成功したのだ。そこは巨大なビーチで、夏の暑い盛りなら、海水浴客が１日で１００万人も押し寄せてくる。

「売店まで遠いな」と感じる人が多いはずだと予想できたので、「アイスを売ろう」と考えたのだ。

私はアイスの配達屋になった。クーラーをイタリア産のアイスでいっぱいにした。チップウイッチ、ファッジクル、ミルキーウェイ、スニッカーズ……。ドライアイスを敷き詰めたクーラーボックスは、1時間で空になった。わずか1時間で135ドルほどの売り上げを手にしたのだ。

当時の最低賃金は時給1・35ドル。友達が90ドルを稼ぐのに66時間ほどかかるところを、私は**1時間ちょっとで100ドル以上を稼いだ**のだ。

最終的にその夏は、2万ドルを売り上げた。翌年の17歳の夏には、3人の少年を雇い、貝殻のネックレスを1個50セントで仕入れて1個4ドルで売った。

1個売れるごとに1ドルを少年たちに渡した。ネックレスとアイスで、その年の売り上げは4万ドルにものぼった。私が一番初めに通い、卒業した大学の学費は、この仕事の売り上げで賄《まかな》ったのだ。

自力で買った悪くない車に乗って、ビーチで仕事をする。気分は最高だった。

この起業の道のりの途中、私は1つだけ間違いを犯した。それは、大学卒業後、歯学部に1日だけ通ったことだ。私は、ベビーチェアに座らされ、アップルソースを食べさせられながら、「ジョーダン、裕福になりたいなら医者になれ！」と母に言われ続けてきた。

21歳で生物学の学位を取得して大学を卒業した。この時の私に、「何になりたい？」

と聞いたとしたら、「金持ち！」と即答しただろう。職業なんて関係なかった。母の言う通り、とりあえず医者になって金持ちになろう、そう思っていた。

とはいえ、10年間も勉強するのは嫌だったから、普通の医者にはなりたくなかったので、歯医者になることを選んだ。歯医者だって金持ちになれるし、母も喜ぶだろうと考えたのだ。

無事に入学試験に合格し、歯科医学校での初日に、生徒が１００人くらい集まるオリエンテーションに参加した。同級生になる学生たちの顔も、なかなかいい感じだった。

60歳くらいの白髪に白衣で、いかにも医者という感じの学部長が立ち上がり、話を始めた。

「みなさん、ボルチモア歯科医学校にようこそ。歯学はとても誇らしい専門分野です」

私は「そうだろう」と頷《うなず》いた。しかし、後に続いた言葉に愕然《がくぜん》とした。

「だが、言わせていただく。歯科の黄金時代は終わりだ。金がつくれる業界ではない」

「失敗した」と思った私は、「失礼するよ」と同級生になるはずだった学生たちに声をかけながら即座に教室を後にした。

私は行動する男だ。行動の重大さを信じている。

大学を辞めたことは、母親にはなかなか言い出せなかった。「大学はどう？」と聞かれるたびに「いい感じだよ」と嘘をついた。

3カ月くらい隠し続けたものの、お金がなくなり、ニューヨークに戻って両親と住むようになった。

両親はお金がなくて、いつも貧乏だった。なぜなら、〝S〟がつく単語――すなわちsalesが大嫌いだったからだ。しかし、このような生活をダラダラ続けていても先がないことはわかっていたので、私は母にこう言った。

「俺はセールスパーソンになる」

「ジョーダン、それはどういうこと？」

彼らにとって、「セールスパーソン」は、スライムのような、役に立たない子どものおもちゃと同義語なのだ。両親には、セールスパーソンとは、役立たずで無価値な存在なのだ。セールスパーソンがやってくると、「早くドアを閉めろ！」と叫びながら、父は銃を取り出すほどだった。

余談だが、私が開発したストレートライン・システムが効果的なのは、両親という、説得するのが最も難しい人への対応から学んだからでもある。

母親は「私の息子が飛び込み営業！　白髪になってしまうわ！」とわめいた。セールスパーソンになった初日に、私は会社の販売記録を更新した。トラック１台分の肉を売ったのだ。トラック１台分売ったばかりか、トラックごと買い取りたいという女性がいたほどだった。

言葉が口から自然と流れ出て、結局35箱の肉を売った。会社のそれまでの最高記録は１日で12箱。最初の１週間で、それまでの会社の記録を大きく上回り、私は３００箱を売った。

そのわずか１週間後、私は食肉運送会社を起業した。学生時代にビーチで人を雇った経験から、起業することには自信があった。そのうち、自分はセールスが得意なだけではなく、**セールスパーソンを育てる能力も兼ね備えていることに気づいた**。

22歳から、私はセールスパーソンの育成を開始し、ドラッグや酒をやりながらストリートを徘徊《はいかい》している浮浪者のような連中を鍛え始めた。１年後に私の会社は26台ものトラックを所有するに至り、大きな利益を出すようになっていた。

しかし、この時の私は、若い起業家によくある間違いをことごとく犯していた……。

ルールを知らない者は「敗北」する

それは、**起業のルールを知らなかった**ということだ。

史上最高のセールスパーソンであり、最高のセールストレーニングを部下にほどこすことができても、起業のルールを知らなければ事業は上手くいかない。起業のルールを知らなければ、築いたものすべてが破壊されるのだ。

私はものの見事に破壊され、間引かれ、存在しなくなった。銀行は借金のかたに、私の自慢の車をも持っていってしまった。

24歳の私はすべてを失い、破産宣言をしなければいけなくなった。残ったのは、金持ちになりたいという欲望とセールスのスキルだけだった。それが、ウォール街に行くきっかけになった。

ニューヨークのウォール街に行って、仕事を手に入れることしか考えられなくなった。「歯科医学校の中退者であり、破産宣言をしたばかり……」と、経歴は最悪だったから、困難なミッションだった。

やっとの思いで面接の権利を獲得した私は、ＬＦロスチャイルドの役員室に入っていった。映画で言うと初日のシーンだ。

「一生懸命売ります！　一生懸命働きます！」と言うと、「ちょっと待った」とスティービ・チャンという人に話を遮《さえぎ》られた。

「君みたいな奴は初めてだ。君には２つの結末しか用意されていないだろう。ウォール街歴代最高のトレーダーになるか、刑務所に入れられるかの２つだ」

彼は天才だった。そのどちらも私は実現してしまったのだから……。

ＬＦロスチャイルドに雇用された私は、入社から７カ月の間、最低賃金で奴隷のように働いた。通勤のための交通費が高額だったから、費用を捻出《ねんしゅつ》するために、夜は飛び込み営業で宝石を売った。

私にとってお金を生み出す能力は生まれ持ったものだった。自然と身についたもので、約半年の間、微笑《ほほえ》みながら電話をかけ続けた。

そして、１９８７年10月19日がきた。上司に電話を取り次ぐ係から、ストックブローカー（株式仲買人）として、いよいよセールスをかける係になり、意気込んでいた初日のことだ。後にブラックマンデーと呼ばれる日のことだった。

衝撃と畏怖《いふ》を体感しながら、市場が508ポイントも下がっていくのを目の当たりにした。112年もの歴史のある投資銀行が幕を閉じ、私はクビになった。

再び仕事のない状態に舞い戻ることになり、私の夢と希望は粉々に砕けた。私が自ら証券会社を興《おこ》すのは、もう少し後の話だ。

こうして長々と自分の体験を話したのは、同情を引くためでも自慢話をしたかったからでもない。

あなたに伝えたいことは、**起業家魂さえあれば、破産したっていつでも復活できる**ということだ。それから、セールスパーソンでなおかつセールストレーニングに長《た》けていたら最強の会社がつくれるということだ。

私は、ストラットン・オークモント社でそのスキルを応用して、マリファナを吸っていたニートの若者を一流のストックブローカーに育てることに成功している。

それともう1つの教訓。それはいくら営業力に長けていても、起業のルールを知らなければ大やけどするということだ。

「メンター」を軽視してはいけない

私は最初からカリスマ的な「狼」ではなかった。私がウォール街の風雲児になることができたのは**メンターの存在が大きい**。

私にとってのメンターは、小説や映画にも描かれているが、ＬＦロスチャイルド時代の重役だったマーク・ハンナだった。

マークの教えは今にして思えばいささか極端なものであったが、この世界で生きる上での大きなヒントを与えてくれた。

たとえば、入社初日にマークは私にこんなふうに語りかけた。

「客から金を引き出すことだけを考えろ。そのために株を売りつける２つのポイントがある。１つ目はマスをかくこと。２つ目はコカイン。これさえやれば頭のキレが良くなる」

当時の私は「なるほど」と思った。１つ目のポイントは、株の取引は数字の羅列との戦いのため、1日中それればかり見ていたら、頭がパンクしてしまう。だから、1発抜けば頭が冴《さ》えわたっていい、ということ。2つ目のコカインも効果は同じことだ。

実際彼の言う通りにやったら、あっという間に、大成功を収め、ウォール街の狼として名が知られることになった。

ハンナにはその他にもウォール街で成功するためのさまざまな知識を教わり、決してこの2つのアドバイスがすべてでないことは記しておきたい。

成功したいと思ったら、おそらく彼のようなメンターが必要なのだと思う。

現在の私は、ハンナからのアドバイスを善のベクトルに転換して、成功のための真に有意義な方法論を創造し、人々のサポートを行なっている。

本書での出会いを通じて、私があなたの成功をサポートするメンターとなれたなら、こんなに嬉しいことはない。

第2章

成功と富を手に入れられない本当の理由

あなたは「まがいもの」をつかまされていないか？

富と成功を手に入れられない人の多くは、さまざまなことに圧倒され、萎縮《いしゅく》してしまう傾向がある。

たとえば、あまりにも学ぶべきことが多くて、初めに何をやればいいのか、次に何をやればいいのか、ということがわからなくなってしまい、萎縮してしまうのだ。

最初に何をすればいいのかがわからないから、疑問がどんどん積み重なっていって、最終的に思考がマヒして身動きがとれなくなる。

もし、あなたがその状態に陥ってしまえば、成功するための知識がいくらあろうとも、どんな物事も成し遂げることはできない。

本章では、ウォール街の狼と呼ばれ、大金を稼いでいた過去と、ＦＢＩに起訴され、22カ月服役したという両極端な境遇に身を置いた者として、私が経験したことから、成功者と落伍者の真実を明かしたい。

成功しか知らない人が書いた成功本を読んでも、どんな時に足をすくわれ、転落していくのかを知ることはできない。**成功の裏と表を知ってこそ、あなたは本当の成功を手に入れることができる**のだ。順風満帆な人から成功のメソッドを学んでも、意味がない。つまり、あなたがこれまで学んできた成功のメソッドは、まがいものだ。

あなたの人生の「Big WHY」は何か？

大事なことなので、成功する上で不可欠な理由・動機（WHY）についてもう少し詳しく説明したい。ここでは、重要性を強調するために「Big WHY」と呼んでおく。

多くの人々は自分自身の人生の「Big WHY」が何かを知らない。だから、**なぜ成功したいのかをきちんと理解できないでいる**。

「成功したい！」

「その理由は？」

「それは……」

このように黙りこんでしまうのがオチだ。これではどうにもならない。

とはいえ、私はデタラメで美辞麗句ばかりの、自己啓発セミナーみたいな真似はしたくない。その辺のインチキ講師のように、「あなたは、本当は○○という理由でそのことをしたいんですね?」と誘導したりはしない。

そうした他人からあてがわれた理由は、一見理にかなっているかもしれないが、自己完結してしまう程度のスケールでしかないので、最高のレベルで効果を発揮することはできないからだ。

結論を先に述べると、本当の「Big WHY」とは、将来のビジョンを理解し、なぜそれが、あなたにとって重要なのかを自分自身で知ることによって、導き出される唯一のものなのだ。

大切なのは自らが主体的に思い描くビジョンであり、それがあるからこそ本当の「Big WHY」を獲得できるのだ。

そうした場合だけが、あなたを成功へと導いてくれる。逆に、いくら「金持ちになりたい」というビジョンを持っていても、それが他人の影響を受けた、まがいもののビジョンであったら、「Big WHY」を獲得できず、夢の実現のためのパワーが圧倒的に不足する。

心底自分自身で、「家族のために！」「社会貢献のために！」などと**「Big WHY」を心の中で臨場感を持って確信する**ことができなければ、ビジョンは机上の空論と言えるのだ。

繰り返すが、私は「Big WHY」を人のために考えてあげたり、お手軽な理由や動機を与えてあげたりはしない。**何を「Big WHY」にするかは個人の自由**だ。

ただ、私は相手が信じているビジョンをより明確に、もっと具体的なものにフォーカスさせ、それぞれが持っている「Big WHY」を再確認させることができる。

たとえば、ストラットン・オークモント社の全盛期、私のところには一攫千金《いっかくせんきん》を狙《ねら》った若者たちが大勢押しかけ、１０００人ほどの人間がストックブローカーとして働いていた。

彼らには共通する明確なビジョンがあった。「ジョーダン・ベルフォートのような金持ちになりたい」ということ。ビジョンは同じだが、なぜそうしたビジョンを持っているのか、理由は千差万別だった。

実際、回想録『The Wolf of Wall Street』の中で、私は全社員に向かって「なぜ、金持ちになる必要があるのか」という理由を立て続けに語って聞かせている。

曰《いわ》く、金は人類が開発した唯一最大の問題解決機。曰く、金があれば老後が安泰だ。曰く、金があればクレジットカードの支払いが追いつかなくなることもない。曰く、彼女に見捨てられそうでも、お金があればつなぎとめておける……。

望む理由なんて人それぞれだ。私はなるべく具体的な理由をたくさん挙げて、個々の社員が抱えている**「金持ちになりたい」という願望に、理由を付与することで、確信を持たせてやった**のである。

そして、「どんなことでも金で解決できる。今すぐ金を稼いで、そして使いまくれ！ 自分を追い詰めて背水の陣を敷くんだ！ おまえらには成功以外の選択肢はないんだ」と言って、彼らのビジョンを1点にフォーカスしてやった。

「Big WHY」の本当の意味を知り、どうやってその「Big WHY」を使って毎朝ベッドから飛び上がって、熱心に人生と向き合うことができるのか。そのことを教えてくれるのが、私がストラットン・オークモント社時代に活用した悪のツールを、善の方向に転用した「ストレートライン・システム」である。

この方法を実行すれば、嫌々ベッドからゆっくり起き上がり、毎日仕事に行って無気力な日々を送る人生とは綺麗《きれい》さっぱり手を切れるだろう。

「信念」がチャレンジを阻害する

あなたの目の前に箱がある。大きさや色は、この際どうでもいい。自由に想像してもらって構わない。あなたの目の前の箱には、大金を生むビジネスが詰まっているとしよう。

ただし、その箱を手に入れるには、50万円を払わなければならない。いわば投資資金のようなものだ。

あなたは50万円を支払って、箱の中のビジネスを始めたとしよう。ビジネスの成功条件は、向こう1年間、一生懸命働くこと。それこそ身を粉にして献身的に脇目もふらずに働くのだ。

そして、あなたは無事に1年間働き続けて条件をクリアしたとする。対価としてビジネスを開始して1年後から、年間5億円が25年間ずっと入ってくる。

これならば、50万円のリスクを負っても、誰だって箱の中のビジネスを行なうだろう。

では、次の条件ではどうだろうか。

50万円の投資資金が必要なのは同じだが、今回は成功して儲かる確率は50％。失敗する可能性が50％で、25年間継続で5億円が入る可能性も50％だ。

これでも大方の人はやるのではないかと思う。まだ5割のチャンスがあるからだ。

しかし、成功するチャンスが20％だったり、10％ならば、どうだろう。あるいは、もっと下がって2％ならどうするだろう。

成功率が100％の時には、誰もが文句なくチャレンジするが、数字がどんどん下がっていくと、チャレンジしようという人は確実に減るだろう。

成功率が低くなると、信念や、周囲の目を気にして、チャレンジしようとする人は減っていく。最終的に、成功のチャンスが10％～5％くらいになれば、多くの人は挑戦しようと思わない。

もはや、そのもの自体に価値がないと思うからだ。自分を守るという点では賢い。成功すると信じていないことに対してリスクを背負いたくないと、理性がブレーキをかけるのである。

自己啓発でよく言われる古い決まり文句がある。あなたも聞いたことがあるかもしれない。

それは、「自分の中には内なる力があり、それを解放すれば、何でも達成できる」というフレーズだ。

確かに自分の中には何らかの力は存在するだろう。しかし、その力は頭の奥からくる、**あなた自身の声**なのだ。

他人に自分は成功すると納得してもらう前に、あなたは自分を説得しなければならない。

自分の中から、「絶対にできる。必要なスキルは持っている。知るべきものは知っている。トップへ駆け上がるための明確な道がある」という声がわき上がってきて、**その声をコントロールし、力を解放することができれば、何でも達成することが可能**なのだ。

クロージングのスキルがなければ取得すればいいし、ビジネスのルールがわからないなら、知ればいい。

そして、そうしたことが確信できれば、先ほどの箱の中のビジネスの成功確率がいくら低くなっても、あなたは果敢にチャレンジできるし、チャンスをものにできる。

私はポジティブシンキングをすすめているわけではない。むしろ、ポジティブシンキングだけでは、成功できないと思っている。

ただ鏡に向かって「僕はできる！　僕はできる！」と言っているばかりではダメなのだ。鏡と向き合っていても、貧乏になるだけだ。

私は、賢さ、知性、そして人生をありのままに見ることが大事だと信じている。**人生を現状より悪く捉えるのは、百害あって一利なし**なのだ。

現状より悪く捉え、「お金がない。そんなに働きたくない。家族と会えない……」といった、誤ったストーリーに耳を傾けてしまってはダメだ。そんなことでは、人生で本当に得たいものを手にすることはできない。

私たち人間は、人生が上手くいっていない時に限って、欲しいものが手に入らない理由に関するストーリーを語りたがる。

そして、周りの人のせいにしたり、そのストーリーに囚われて、自分に正直になることができなくなり、そのことが成功の妨げになるのだ。

堂々巡りの負のスパイラルから抜け出す秘訣は、とてもシンプルだ。状況を現状より悪く見るのではなく、ありのままに見ること。

状況を正確に捉え、課題を発見し、乗り越え、目標に到達するための戦略を立てるのである。これこそが目標に到達するための唯一の方法なのだ。

さらに、目標の上にビジョンを置こう。ビジョンがあってこそ、目標は成し遂げることができるからだ。

ビジョンと「Big WHY」があるからこそ、毎朝ベッドから飛び出すことができ、ほとんどの人が躓《つまず》くようなバリアや障害物を乗り越えることができるのである。

私は、「人生が劇的に変わりましたか?」とよく聞かれる。なぜなら、22カ月服役したからだ。すべてを失い、メディアにけなされ、悪人にされた。それでも今は復活して、かつてより成功を収めることができている。

成功はお金だけではない。**成功は倫理であり、潔白でいること**である。それらを備えていないと、成功しているとは言えない。そして、26歳の時の私は、それらを兼ね備えておらず、ビジョンは欠陥だらけだった。

実際、私をモデルにした映画「ウルフ・オブ・ウォールストリート」を見ると、驚くほど多くの間違いを犯してきたことがわかる。顧客をカモにした詐欺まがいの取引、不正な株価操作、マネーロンダリング、ドラッグや酒、コールガール……といった背徳と狂気に満ちた日々を過ごしていた。

「もし、私の考え、ビジョンに同意できないなら、このフロアを後にして、マクドナルドで肉をひっくり返してろ！」と社員に自分の邪悪なビジョンを押し付けたこともあった。

映画を見ていただければ、邪悪なものやさまざまな悪のツールを目撃するだろう。しかし、それらのものを反面教師にすることで、ビジネスに役立つヒントを得られるのもまた真実である。

ノロノロするのは「お金の無駄」

世の中で金持ちになる方法は1つしかない。それは「素早くなること」だ。ゆっくりと金持ちになろうとしてもなかなかなれない。

私たちは、ただ生きているだけで、食費、家賃、被服費、光熱費、携帯電話代……といった固定費を払い続けなければならない。クレジットカードの支払いや住宅ローンに追われることもあるだろう。私たちはとてもお金のかかる世界に住んでいるのだ。ゆっくりとお金持ちになろうとしたら、これらの支出があなたの成功を妨害する。起業しようと思っても、貯金はゼロ、あるいは借金しかないなどという境遇に身を置く前に、余力のあるうちに猛スピードで金持ちにならなければいけないのだ。

とはいえ、私は何も一攫千金を狙えと言っているわけではない。私が言っているのは、「一生懸命働くことで、猛スピードでお金持ちになれ」ということだ。それは半年かもしれないし、あるいは1年以上かかるかもしれない。

とにかく、お金持ちになりたいのなら、一生懸命に働かなければならないのだ。そのためには、物事を現状より悪く見るのではなく、**ありのままに見て、現状よりさらにいい状況を思い描いて、そこに到達するための計画をつくる**こと。すなわち、成功への正しい戦略を練ることだ。

あなたは世界的な自己啓発書『ザ・シークレット』（角川書店）を読んだことがあるだろうか。なかなか示唆に富んだ本ではあるが、多くの人に、ちょっとした誤解を与えているような気がする。

あなたが『ザ・シークレット』に従って成功したいのであれば、その方法はとてもシンプルである。まずリビングルームに座って、とても深い瞑想《めいそう》の状態に入り、目をつぶって100万ドルの小切手が自分の郵便受けに届くのを想像する。瞑想して、願いを宇宙に放り投げて、小切手を自分の人生に引き寄せるのだ。そうすると、案の定、小切手が郵便受けに現れる……。

いくらなんでもこんなことはあり得ないだろう。

もし、それがあなたの成功への戦略なら、あなたの郵便受けに届くのは借金の督促状だろう。そして、愛車をレッカー移動され、奥さんが隣家の男と不倫している間に、あなたは鏡を見ながら「僕はできる！　僕はできる！」と唱えているわけだ。まったくもって馬鹿げている。

私は物事を、現状より悪く捉えることはない。ありのままを見て、それよりさらに良い状況を思い描いて、そこに到達するための具体的計画を練る。一生懸命働いて、説得力と成功のためのスキルをマスターすることだけに集中するのだ。

この方法で、**私は世界中で、今まで成功できずにいた人を成功させることができた。**これは魔法ではない。戦略なのだ。

戦略のないモチベーションにはまったく価値がない。それはぬるま湯のように心地良いが、決して長続きしないし、逆効果になることさえある。

たとえば、私があなたにモチベーションを提供し、この先の人生がどんなに最高なのかと説いたとする。この時、もし私が目標を達成するための具体的なツールを教えなかったとしたら、あなたは、数カ月間は気分がいいかもしれないが、いずれは効果がないことに気がつくことになる。あなたの本質は何も変わらないからだ。

重要なことは、「自分自身を変えなければならない」ということだ。

それは当然、知識、知恵、テクニック、戦略などに深くかかわってくる。そして、すべてをモチベーションと組み合わせることで、成功へと向かって飛翔《ひしょう》することができるのだ。

「内界」と「外界」の両方で生きていることを理解せよ

お金持ちになって成功することは、決して特別なことではない。奇跡や魔法でもないし、ましてブードゥー教とも一切関係ない。とてもシンプルなことなのだ。私がこれから述べることは、無条件に理解してもらえるだろう。なぜなら、これは、世界に共通する普遍的なロジックだからだ。

人生の達人になるためには、２つの世界に生きていることを理解しなければならない。すなわち、内界と外界である。

内界は、内面や心と単純に言い換えてもいいだろう。

一方、外界は自分の外にある物理的空間のことである。

内界を脳内の仮想空間と定義すれば、外界は現実空間ということになる。そして、内界での情報やイメージをもとに、外界に何らかのアプローチを戦略的に行なうことで、初めて成功への糸口をつかむことができるのだ。

あなたを富と成功に導く「4つのC」

あなたがセールスパーソンや起業家として世の中で活動していて、「今自分はいい状態にある」と感じることができたら、心の中は間違いなく次の４つのＣで満たされている。

Certainty…確信感
Clarity…明快さ
Confidence…自信
Courage…勇気

これらはセールスで成功する上で必須の心の状態である。そして、私たちは、アンカリングという手法によって、いつでも好きな時にこの状態をつくり出すことができるのだ。

アンカリングとは、ＮＬＰ（目標の実現法や、問題や悩みの解決に役立つとされる心理学）の心理療法の１つで、五感からの情報をきっかけに、特定の感情や反応が引き出されるプロセスをつくり出すことを指すものだ。

あなたが世界一才能のある起業家、もしくは献身的なセールスパーソンであったとする。しかし、１日の90％は、自分自身もしくは、自分の商品に対する不安を抱え、人生に圧倒された気持ちになっていて、恐れに苛《さいな》まれ、自己喪失状態になっているとしたら、成功はできない。これは、要するに前述の４つのＣが満たされているのとは真逆な状態だからだ。

それは次のような４つの要素で表される。

Uncertainty…不安定感
Overwhelm…圧倒される
Fear…恐れ
Self-doubt…自己喪失

この４つの要素は、成功を妨げる最悪の要因だ。だから、ＮＬＰでも何でもいいから、さまざまな心理的アプローチを駆使して、**早いところ４つのＣを回復しなければならない。**

そこで、思い出すのが、私がストラットン・オークモント社の最高経営責任者を辞任した時のスピーチだ。私が何より恐れたのが、私が同社を去ることで、社員たちのモチベーションが低下することだった。すなわち、４つのＣからの転落だ。そこで私は次のような挨拶をした。

「ストラットン・オークモントの思想は、家柄や学歴などとは何の関係もない。それは、会社の門をくぐり、営業フロアに足を踏み入れた瞬間に、新しい人生が始まるということだ」

このスピーチで私が伝えたかったことは、ビジネスにおいて真に重要なのは成功への強い意欲と自信、そして、未来を信じること、成功している未来の自分の姿を明確にイメージできること、ということだ。

社員たちの心の状態をマイナスからプラスに、あるべき状態に戻したのだ。

ちなみに、この4つのCを人生一般の状態として表すと次のようになる。

Compassion…思いやり
Love…愛
Patience…忍耐
Happiness…幸せ

次にその反対を見てみよう。

Cruelty…残虐
Hatred…憎しみ
Impatience…焦り
Misery…悲惨

お金を稼いだり、ビジネスで成功するには、**良い精神状態をキープすることが必要**である。健全な心の状態を保てるかどうかは、実は日常生活での普段の心の状態が大きくかかわっている。

あなたの成功を左右する「2つの信念」

信念は内界の要素の中できわめて重要なものだ。信念には2つの種類がある。

1つ目は**「力づける信念」**。私たちを富と成功に導いてくれる信念だ。

もう1つは、人から活力を奪い、**「行動を制限してしまう信念」**である。

後者は私たちを悲惨にし、失敗や孤独感を想起させるものである。そして、こうしたネガティブで人間の行動を制限してしまう信念は、成功していない人や、お金の使い方が下手な人に、特に深く刷り込まれている。

それはまるでフェラーリのようなスポーツカーのエンジンの中にあって燃料の流れを止め、本来のスピードの半分以下しか出せなくする装置みたいなものだ。

つまり、ネガティブな信念とは、前進すべき瞬間に邪魔となり、引き返してはならない時に後退させてしまうとても厄介なものであり、成功への大きな障害なのだ。

それでは、マイナスの信念をいくつか紹介しよう。

まずは、**「お金持ちになったら欲深くなってしまう」という信念**。これを信じている人は多い。

しかし、先に述べたように、お金は単純にあなたの資質を拡大してくれるだけの存在だ。たとえるなら、アルコールと同じようなものだ。

あなたがひどい人間ならば、飲むともっとひどい人間になり、あなたがいい人だったら、さらにいい人になっていくだけなのだ。陽気な人は飲むとさらに陽気になり、陰気な人はさらに陰気になり、怒りっぽい人はさらに怒りっぽくなるのと同じである。

次は**「自分はお金を上手に扱うことができない」という信念**だ。ある種の人たちは自分が体質的にお金を扱うことができないと信じ込んでいる。

もし、それがあなたの信念だったら、あなたは決してお金持ちにはなれないだろう。そして、その反対のプラスの信念が、「私はお金を扱うのが上手だ！」である。

「自分には起業家の素質がない」という信念も、行動を抑制するネガティブな信念の1つと言える。これは2つの形で現れる。

1つは両親や学校の先生、メディアなどによる刷り込みの結果からくるものだ。あなたは物心ついた時から、「起業なんてリスクの高い冒険はやめろ！　まじめに働いて、平々凡々な人生を過ごしなさい」と繰り返し囁《ささや》きかけられ、いつの間にかそれを信じ込んでしまっているのだ。

ビジネスを始めてみたものの失敗し、それがトラウマとなり、**「起業は悪だ」という信念**が刷り込まれることもある。

すなわち、自分自身の経験を通して、間違った信念を抱くようになったということだ。

そういう信念を持つ人たちは、失敗した時に「しまった！　失敗した。自分には向いていない」と言う。しかし、実際には、単純に、知るべきことを知らなかったから起業に失敗しただけだ。起業のルールやマネジメントに対して、無知であったからに過ぎないのだ。

こうしたマイナスの信念に縛られていると、ビジネスなんてとてもできない。だから、マイナスの信念を消して、いかにプラスに転じさせるかが大切になってくるのだ。

かつて私がストラットン・オークモント社を経営していた時、集会のたびに自分たちがいかに正しいことをやっているかを、社員たちに徹底的に信じこませた。一部の病的な者たちは例外として、人間は正しいことをしたいという無意識下の願望を持っている。

だから、社員たちは自分たちの強欲や同僚たちから認められたいという利己的な欲望を満たしながら、自分は正しいことをしているという信念に半ば酔って、電話ごしににっこり笑って顧客の目玉をくり抜くようなセールスをガンガンやることができたのだ。

私は意図的にそんな心理状態をつくり上げて、社員たちに、自分でも決してできるとは思ってもみなかったレベルの目標を達成させたのである。

つまり、人間は何らかのポジティブな信念を持つことで、モチベーションを飛躍的にアップさせることができるのだ。

クロージングを失敗に導く「苦手意識」

多くの人が富と成功を遠ざけてしまっている要因は、クロージングに対する苦手意識を持っているからだ。クロージングとは、売買契約を成立させることだ。実際、一般の人はクロージングして、契約を獲得することを難しいと感じている。

しかし、富と成功を手にするためには、それが最も重要なことであるのは間違いない。

クロージングには秘訣がある。**人間はできるだけ喜びを最大限にし、苦痛を最小限に抑えたがる生き物**だということを意識しながら、取引をまとめることだ。

たとえば、喜びを最大限にしたいだろうと思われる顧客の場合は、次のようなことを意識しなければならない。

たとえば、あなたの商品が顧客の資産増に貢献するのなら、彼らが商品を購入すれば、「家族とどんな休暇を過ごせるか」「子どもたちをどんな名門校に入学させられるか」「最低何時間働けば、財産を維持できるか」といった話題はもちろん、豪華な日用品を購入できるようになることも伝えよう。

一方で、苦痛を最小限にしたい顧客を相手にする場合の秘訣もある。

たとえば、顧客がすでに類似の商品を持っている時は、あなたの商品またはサービスの方が、「使い勝手が良くて効果的であること」を説明しよう。それから、この商品があれば、「作業が楽になり、ストレスから解放されること」も伝えよう。

両者に共通して言えるのは、**顧客が「何を重視しているのか」ということを的確につかむことが重要**であるということだ。

最後の取引をまとめる段階になったら、その項目を挙げながら、彼らの感情に訴える根拠を論理的に述べなければならない。

次に、クロージングのコツを天秤《てんびん》にたとえて説明しよう。天秤の中央が購入の設定点、天秤棒の片方が商品の利点（商品を購入した場合のメリット）、もう片方が商品の欠点（商品を購入した場合のデメリット）を表す。

セールスで購入を促されると、人々はその商品もしくはサービスをこうした天秤にかけてから購入を決定する。あなたの仕事は、天秤棒が、欠点よりも利点に傾くように的確にアドバイスすることである。顧客は、利点側に傾いた時点で、購入を決める。

人は何らかの行動をとる前に、行動することで起こり得る結果を無意識にシミュレーションする。すなわち、未来を予測して、未来の出来事を仮想体験するということだ。

この時、あなたにクロージングに対しての苦手意識があると、「顧客が決断するために必要なものはそろっているだろうか？　クロージングできるだろうか？」と脳が考える。

そして、脳が「やっぱり自分にはスキルが足りない、クロージングの仕方を知らない」と決めることによって、あなたは行動を起こせなくなる。

「人をフリーズさせるのは失敗することへの恐れである」とよく言われる。まさしくクロージングが失敗してしまう恐怖から身体が萎縮し、行動をとることができない状況になってしまうのだ。

では、こうした状況を打ち破ってクロージングを成功させるにはどうすればいいのだろうか？

それは、失敗したくないという恐怖に打ち勝つ気持ちを持つことだ。すなわち、絶対成功するというパワフルな確信を持つのである。自分を信じる心だけが、失敗に対する恐怖に打ち勝つことができるのだ。

たとえば、１年後、２年後に**自分がセールスの達人になっていて、クロージングという壁をやすやすと乗り越えている姿**を想像してみよう。

それができない限り、あなたがセールスで成功するのは難しい。しかし、後で詳しく説明するが、「ストレートライン・システム」のメソッドを使えば、効率良くクロージングができるようになり、成功者になるだろう。

「お客のサイフから金を出させて、自分のサイフに入れる」方法

富と成功を手に入れられないもう1つの理由は、多くの人が「ＯＰＭ」を知らないからだ。それぞれのアルファベットは次の略称だ。

O…Other
P…People's
M…Money

アザー・ピープルズ・マネー。つまり、ＯＰＭとは「他人のお金」を意味する。自分のお金ではなく、他人のお金であることがここでは重要なポイントになる。

自分自身のお金をなるべく使わずに、他人のお金を使って自分のアイデアを実現す

ることは、ビジネスで成功する1つの有効な方法である。

他人のお金を使うとは、親族、友人、金融機関、ベンチャーキャピタルなどから資金を調達して、起業や事業展開を行なうことを意味する。

とてもいいビジネスのアイデアがあって、資本金が必要なのにもかかわらず、資金を調達できない……。アイデアはあるがビジネスの成長がとてもゆっくりだ……。成長はしているけれどキャッシュフローがない……。

このような現状にある人こそ、まさに「ＯＰＭ（他人のお金）」が必要なのだが、「お金は手に入れにくい。銀行もローンを出してくれない」と簡単にあきらめてしまう傾向がある。

だが、それは大きな間違いだ。資金調達をすぐにあきらめてしまう人は、「お金は希少だ」という固定観念に縛られているだけなのだ。

実際のところ、あなたに良いアイデアがあり、セールスに有効なトークを知っていて、他人の感情を動かし、彼らに自分の時間やお金を投資させたくなるような話し方を知っていれば、**お金なんてどうにでもなる**。

なぜ、このように断言できるのかといえば、私自身がストラットン・オークモント社の経営者時代に、有望な未上場企業を見つけて、ベンチャーキャピタルを行なっていたからだ。

たとえば、当時私は、新興企業であったシューズメーカーのスティーブ・マデン社に投資して、事業を拡大させ、同社を株式上場へと導いた。

もちろん、この時の私の行為は善意ではなく、完全に「狼」としてマデン社を食い物にしようとするものだった。投資の見返りにマデン社の株の85%を所有して、同社の株価を公開後に思い通りに支配し、濡《ぬ》れ手に粟《あわ》の利益を得るためであった。こうした悪行は現在では心底反省している。当時の私には企業倫理が欠けていたのだ。

話は脇道に逸《そ》れたが、何はともあれ、私は将来有望な未上場企業を見つけると積極的に投資をした。ほんの少しでも可能性があれば、たとえリスクが大きくても躊躇《ちゅうちょ》はしなかった。

なぜなら、その企業に斬新《ざんしん》で画期的な商品やサービスがあれば（あるいはあると感じられれば）、投資金額の3倍、5倍、10倍といったリターンを手にすることができるからだ。

かつての私のように他人に投資したがっている連中は山ほどいる。少なくとも全米のトップ1%の富裕層がそうだ。あるいはベンチャーキャピタルを生業《なりわい》にしている連中も投資先を虎視眈々《こしたんたん》と狙っている。

さっきも言ったように、お金は希少ではないのだ。「ストレートライン・システム」を教えたら明確にわかると思うが、**ちょっとしたコツを覚えて視点を変えれば、いくらでもお金を集めることができる**のだ。

たとえば、自分の会社に、これまで誰も試したことのない新しいビジネスモデルがあるのかどうかを考えてみよう。

イノベーションはどうだろう？　あるいは、顧客が今まで気がつかなかった需要を見つけ出しているだろうか？

ベンチャーキャピタルが投資するのは、そうした何らかの〝新しさ〟を持つ会社だ。なぜなら、既存の企業と同じような商品を売っていたら、大きな成長が望めないからだ。

だから、投資してくれる可能性がある人たちに、いかに自社の商品が人々のライフスタイルを変えるほどの力を持ち、新たな市場を生み出す可能性があるかを熱く語る必要がある。それも、「素早く」「的確に」「力強く」「自信たっぷり」に。

あなたを踏みとどまらせる原因は、ビジネスを始めるためのお金がないことではない。単純に、お金を手に入れる方法を知らないだけなのだ。

かつて私は、「ベルフォートは金持ちから金を巻き上げ、それを自分自身と取り巻きのストックブローカーたちに気前よく分け与えるロビンフッド気取りの屑《くず》」と『フォーブス誌』に書かれたことがあった。これもまさにＯＰＭの良い例だろう。

金持ち連中にペニー株（安価な株）を大量に売りつけて、それで商売をしていたわけなのだから当然だ。まさに他人の金で事業をしていたのだ。

『フォーブス』にこう書き立てられた時、私は怒りよりも誇らしい気持ちでいっぱいだった。なぜなら、わずか28歳の若造で『フォーブス』に載る人間なんて、めったにいないからだ。

余談だが、私が気前良く部下たちに金を分け与えると『フォーブス』が宣伝してくれたおかげで、入社志望者が大勢押しかけた。

知らないでは済まない「ビジネスのルール」

ビジネスのルールを知らないことは致命的だ。それは、前述したように、22歳で食肉運送会社を起こして急成長したにもかかわらず、あっという間に会社を潰《つぶ》してしまった私の経験からも明らかだ。

ビジネスには、知らないでは済まされないルールがある。ただし、誰もがそのルールを知って生まれてきたわけではない。前に触れたように、私は起業家になるための願望があっただけで、最初から起業のルールを知っていたわけではない。多くの失敗と挫折《ざせつ》を経験することで、苦労してルールを学んだのだ。

ビジネスをする上で知らなければならないルールについて無知でいるのは、闇《やみ》の中をライトのない車で進んでいるかのような激しい恐怖とストレスにさらされる。進むべき指針がないわけだから当然の話だ。

恐怖はいつしかネガティブな思考を喚起し、それによって自分で自分の行動を制限してしまい、起業家としての勢いがなくなってしまう。そして、最後はただの凡人になってしまうのだ。

起業のルールには、知らないでは済まされない代表的な2つのルールがある。私が独自に導き出したものだ。

まず1つ目は**「エレガントに失敗をする」**ことである。

事業には、方法があり（たとえばＯＰＭ）、戦略があり、拡大計画がある。また、売買の仕方や実験の仕方があり、これらによって事業に挑戦することができる。

それは、新事業の発展や新しいウェブサイトの公開、新しい営業方法やアイデア……など、さまざまなことがある。そして、事業に挑戦して、失敗をしても、時間とお金の損失を最小限に抑え、「学び」を最大化させることが重要なのだ。

失敗というとネガティブな印象を受けるかもしれないが、失敗することで初めてビジネスに関する多くのことを学ぶことができる。

ただし、再起不能な失敗をしてはいけない。あくまでも（できればＯＰＭのように他人のお金を使って）、エレガントに失敗する方法を学ばなければならない。これはとても重要な考えだ。

もう1つはその逆で、**「乱暴に成功をすること」**である。つまり、負ける時は被害を最小限に留め、勝つ時は一気に大きく勝つ、ということだ。

これはギャンブルの鉄則でもある。そして、そのためには次のことを常に念頭に置かなければならない。

・もし、小さく始めた事業が、急な爆発的成長を果たしたとしたら、どうすればいいか？
・懸命に働いて、試行錯誤の末、大成功を収めたら次に何をするべきか？
・会社を次にどのように成長させるか？
・資金調達や権限委譲をどのようにするのか？
・税金対策など、自分を守るためにはどうすればいいか？

そして、適切な経営と企業倫理の確立。証券業界で一世を風靡《ふうび》していた頃の自分には、このあたりのことが少々欠けていた。

第3章

あなたのサイフが自動的にうるおう「ストレートライン・システム」3つの秘密

「ストレートライン・システム」の開発前夜

セールスにおいて顧客との対話はとても重要だ。黙っていたら、何1つ売ることはできない。にもかかわらず、ビジネスパーソンの中には対話を恐れている人がいる。

しかし、私は逆に顧客と対話をしないことが怖い。ドラッグの矯正施設に入っていた時も、患者や職員たちの前でひとたび話し出せば、スタンディングオベーションをもらったものだ。

ビジネスパーソンとして、セールスパーソンとして成功したかったら、**人前に立ち、自身のストーリーが語れなければならない**。そして、それはそんなに難しいことではない。

ストレートライン・システムを学べばいいだけだ。

ここではストレートライン・システムの原型となったものを紹介しよう。

LFロスチャイルドがブラックマンデーで潰れ、失職した私は新聞を読みながら、ウォール街ではない、ロングアイランドのストックブローカーの募集を見つけた。

そして、ペニー株を売る会社に就職し、電話でペニー株のセールスを開始した。私のセールスの様子は、映画でも正確に再現されている。

たとえば次のシーン。

私「ハロー、ジョン。元気ですか？　数週間前に、はがきを送って、巨大なアップサイドの可能性を持ちながら、ダウンサイドのリスクが少ないペニー株の情報を提供したよね？　覚えていますか？　素晴らしい。今日電話している理由は、僕のデスクに『あるもの』が現れたからだよ。ここ半年間でのベストじゃないだろうか。

時間はある？　60秒間だけ説明させて。会社の名前は『エアロタイン・インターナショナル』。最新技術を使用した、中西部のハイテク会社だ。軍や民間にも適応性のある次世代型レーダー探知機の特許を持っているんだ。今、ジョン、今だよ。1株10セントで取引されている。ジョン、ちなみに、僕たちの分析によると、これから値段が大きく上がる可能性もある。たった6000ドルの投資による利益は、6万ドル以上になるのさ」

ジョン「住宅ローンが支払える！」

私「そうだ、住宅ローンが払えてしまう」
ジョン「この株は……」
私「ジョン、1つ約束できることがある。僕が勝たせた人の数で判断してほしくない。僕が負けさせた人の数で判断してほしい……。なぜなら、その方が数が少ないからだ。『エアロタイン』に関しては、すべての技術的要素を見ていけば、これはホームランだとわかるんだよ」
ジョン「じゃあ、4000ドル」
私「4000ドル？　4万株だね。じゃあ、その数字を確保しよう。後ほど僕の秘書から証明を送るよ」
ジョン「いいね」
私「ジョン。信じてくれてありがとう。そして、『インベストメント・センター』にようこそ」
ジョン「本当にありがとう」
私「バイバイ」
このシーンを撮影する前に、私とレオナルド・ディカプリオは実に8時間も練習を行なった。スクリプトは私自身が書いた。

レオは天才的役者だったが、最初口調がわからなくて困っていたので、私が電話でコーチングをした。その日、私は体調が悪かったのだが、受話器を取って、ひとたびセールストークを開始すると、ほぼ無意識の状態で次から次へと話すべき事柄が溢れ出てきた。

私がレオに教えたのはストレートライン・システムの一端に過ぎない。ストレートライン・システムの凄《すご》いところは、ほんの一部を学んだだけでも効果が上がること。口調を多少変え、いくつかのパターンを取得するだけで、あなたの能力を最大化させることができることだ。しかし、もちろん全部を知れば、より高いレベルに到達できるようになる。

ストレートラインの秘密①
たった4秒で「3つの印象」を伝えられる

ストレートライン・システムは、人々に対して、こちらが意図する行動をさせるだけの力、購入してほしいものを購入させるだけの力を与えるためにつくられている。あまりにも強力なので、人々が買うべきでないものまで買わせることができてしまう。

しかし、ストレートライン・システムは、決してそういった目的のためにつくられたものではない。

ストレートライン・システムの仕組みはとてもシンプルだ。私はこのメソッドを全体のたった数％の裕福なアメリカ人に5ドルの株を売ることで見つけた。もちろん私もできるし、他の同僚たちもできた。

この連中は、最初はセールスができず、どうしようもなかった。そこそこ金を持っている人たちへ株を売りつけることはできたものの、会社は潰れかけていた。そうした時、雲が晴れたみたいにストレートライン・システムが生まれた。

その時、「ペプシを飲んでいる人にコーラを売れ」と言われたことを思い出したのだ。貧しい人に電話する時代は終わった、と気づいたのである。

これからは、上位1％の米国で最も裕福な人たちに電話をしなければならないと思った。そして、お金をつくることができるほど賢い人たちに電話をするなら、**持ち時間は4秒しかない**ことに気づいた（対面の場合は、もっと短い4分の1秒の間に印象が決まってしまう）。

人間は、その視覚的情報から多くの影響を受けながら生きている生き物である。それが物理的に目に見えるものであれ、心の目で見ているイメージであれ、私たちの生活は視覚的情報とは切っても切れない関係にある。

そのため、私たちは無意識のうちに、初対面の人が「どういう人間なのか」を瞬時に判断している。

前述したが、ある調査によれば、それが電話の場合は、最初の4秒。直接話している場合は4分の1秒の内に起こると言われている。これについては、心理学者によって科学的に証明済みの事実である。

電磁的画像回復テクノロジーを備えた装置をつけた人の前に写真を見せると、4分の1秒というごく短い時間で、脳の判断をするセンターに情報が送られ、その人の脳は見たものについて良いか悪いかなどを判断するという。

つまり、初対面の相手の視界に入った4分の1秒後には、相手はあなたについての印象を決定しているということだ（ただし、音を使ってのコミュニケーションである電話やインターネット通話などでは、印象の決定までにもう少し時間的余裕がある）。

だから、セールスの現場においては、買い手と初めて対面した時の最初の4分の1秒間（電話の場合は4秒間）に、あなたはさまざまなことを伝えなければならない。

その間に、セールスパーソンとして無能であるとか、人として信用ならなさそうだという印象を植え付けてしまっては、クロージングなどとうてい成功させられない。

あなたが電話でセールスをかけている時、相手があなたの話を聞くかどうかを判断するのは、最初の4〜5秒の間に決まる。遅くとも15秒後にはあなたの印象は確定し、どのような悪印象を与えたにせよ、取り返しがつかなくなる。

あなたが、電話の相手にたった4秒で伝えなければならない3つの重要なことは、次の通りである。

①頭が切れる奴だと思わせる
②どうしようもないほど熱心だと思わせる
③エキスパート、専門家であると感じさせる

お金を出して商品やサービスを購入する際、駆け出しの奴から買いたいと思うだろうか？　何か重要な機会がある時、新入りの美容師に髪を切ってもらいたいと思うだろうか？　脾臓《ひぞう》の摘出手術をするとしたら、医師免許を取ってまだ1年の新人にお願いするだろうか？

私たちはプロフェッショナルと仕事をしたいと思うものだ。だから、たった4秒で自分たちもプロフェッショナルに見えるように振る舞わなければならない。それができなければ、相手は関心を失うだろう。

私たちの両親は「見かけで人を判断してはいけない」と言った。しかし、それは嘘《うそ》だ。実際に、**彼らも人を見かけで判断している。**

回想録『The Wolf of Wall Street』の中で私は次のように記述した。

「では生意気な青二才がこれほどまでの金を儲けるために発見した秘密とは一体何だったのか。それはおおむね2つのシンプルな真実だった。

まずアメリカの最富裕層トップ1％は、おおむね退廃的な勝負師のような人物で不利なイカサマ博打とわかっていてもサイコロを振り続けなければ気が済まない連中だったこと。

もう1つは世間の常識に反して盛りのついた水牛か、LSDを2、3発決めたフォレストガンプ並のＩＱの若い男女にウォール街の天才トレーダー風に見せかける演技を仕込むことが可能であることだった。どんな馬鹿な若者でも話すべき内容一字一句を紙に書いて1年間教え続ければそういう話し方を教え込めるのだ。

だから私は口を酸っぱくして言うのだ。**らしく振る舞え。態度が人をつくる**のだ。金持ちらしく行動すれば絶対金持ちになれる。誰に対しても自信を漂わせていれば人々は君の助言に従うようになる。大成功しているように振る舞えば、そして今ここに立つ私のように行動すれば、君はきっと成功する」

セールスをする上で誰かと話をする時、瞬時に3つの印象を与えることができなかった場合、相手はあなたに対する興味を完全に失ってしまう。そうなればあなたの負けで、そこから挽回《ばんかい》することはきわめて難しい。

「頭の切れる人間である」ことを印象づけることができれば、相手はあなたのことを「時間を無駄にしない人間」であると思い始める。ほとんどすべての顧客は、愚かな人間のせいで自分の時間を浪費されることを嫌がる。誰だって、自分の時間を無駄にしない賢い人間とビジネスの話をしたいと思っているのだ。

「熱意を持っている人間である」ことを印象づけることができれば、相手はあなたに期待するようになる。あなたは、顧客の人生を良い方向へと変える何かをもたらしてくれるかもしれない存在として彼らの目に映るようになるのだ。

「専門家である」ことを印象づけることができれば、あなたは自分自身が権威ある人間、尊重されるべき人間であることを相手に伝えることができる。そうなれば、相手は自然とあなたの口から出てくる言葉に真摯《しんし》に耳を傾けるようになる。

最初の数秒間でこれら3つの印象を与えることに成功すれば、あなたは「耳を傾けるにふさわしい人物」として認知してもらえるようになる。

そして、見込み客が望むものをもたらし、彼らがゴールに到達するのを助け、痛みを取り除いてくれる人だと認知されるようになれば、しめたものである。

ここまで認知されることに成功すれば、逆に取引を成立させない方が難しくなる。**大多数の見込み客たちは、こういった「理想的なセールスパーソン像」を心の中で求めている。**

そして、こういった印象を、初対面の最初の瞬間に与えられることができなければならないのだ。少しでも遅くなれば、取り返しのつかないことになるということをよくよく自覚しておいてもらいたい。

ストレートラインの秘密②
話の内容が間違っていても「伝わってしまう」

「3つの印象」を顧客に与えることは、顧客との信頼を築くことになる。つまり、ラポールを築くことを意味する。

セールスにおいて、顧客とラポールを構築することはきわめて重要なことだ。

「ラポール」とは、もともとは心理学の用語で、セラピストとクライアントが、互いに信頼し合い、安心して感情の交流を行なうことができる心的融和状態を表す。要するに、コミュニケーションの土台となる相互信頼のことだ。

だから、相手の承認・信頼を得ることを必要とする対人活動（セールス・恋愛・交渉など）においては非常に重要視されているのである。

初対面の4分の1秒（電話の場合は4秒）の間に、セールスパーソンとして顧客を惹《ひ》き付けられないなら深刻な問題が浮上することになる。しかし、それができたのなら、10秒後にはもうすでにこっちのものだ。

コミュニケーションというものは、「言葉」「トナリティー（声の調子）」「ボディ・ランゲージ」の3つの要素によって構成されている。

それぞれがどの程度の割合を占めているかというと、言葉が9%、トナリティーが50%、ボディ・ランゲージが41%。この比率は、仮にあなたの**「話す内容」に間違いが含まれていたとしても、「話し方」が正しければ、相手のことを説得できる確率が高い**ということを意味している。

むろん、言葉がかなり強いインパクトを持つ局面も存在する。しかし、多くの場合において、トナリティーとボディ・ランゲージは、あなたが伝えようとしている言葉よりも遥《はる》かに大きな影響力を振るう。

ラポールを構築するには次の2つの方法がある。

❶「私はあなたのことを思って……」

相手のことを気にかけている、同情しているという気持ち。もしこれをただ言葉だけで、「あなたのことを気にかけている」と言っても嘘つきに思われてしまうかもしれない。しかし、言葉に思いをこめ、トナリティー（声の調子）を効果的に使えば、あなたの気持ちは相手の琴線に触れるはずだ。

❷「私もあなたと同じなんです」

自分の中に相手と同じものがあると相手に気づかせること。違いではなく、同じだということで相互理解に至るのだ。

販売員たちが犯す多くの間違いの1つに、相手が好きだというものをミラーリング（相手と動作・しぐさを合わせること）して、「私も好きです」と言ってしまうことである。

しかし、トナリティーとボディ・ランゲージを上手く組み合わせることなく、うわべの言葉だけでラポールを構築しようとすると、必ず失敗してしまう。関係が壊れてしまうのだ。

これでは、相手にものを売ることはできない。私の考えたストレートライン・システムは、トナリティー、ボディ・ランゲージ、そして言葉の3つが単独ではなく、それぞれが並列的に働き、それによって顧客とラポールを築いて、クロージングに至るシステムだ。

最初にこの秘密の扉を開けることができたのは、私が誰かにものを売る時に、無意識のうちにある戦略を用いていたことに気づいたからだ。

私にはセールスのために何をラインナップしないといけないかがわかっていた。だから、後はそれらを体系化するだけで良かったのだ。

すなわち、顧客に「イエス」と言ってもらうために私が無意識に行なっていたことをまとめたのが、ストレートライン・システムなのである。

それは、実際、無意識のうちに、流れるように自動的に行なっていた。呼吸をするかのように自然にである。

しかし、私以外の人間はそうではなかった。やり方を知らなかったからだ。私は当時のストックブローカー仲間に言ってやった。それはストレートライン・システムの基礎になる言葉だった。

「君たちはわからないのか？　**セールスっていうのはどれもまったく同じ**なんだ」

実際に、どのセールスもこのストレートライン・システムを用いれば、上手くいくのである。

ストレートラインの秘密③
言葉ではなく「声の調子」が重要

私たちは、３つの要素すべてを同時に駆使してコミュニケーションをしているのだが、多くの人々が「言葉」だけに囚われて、他の２つの要素をないがしろにしている。一流のセールスパーソンになりたいのなら、トナリティーとボディ・ランゲージの使い方をマスターする必要がある。

トナリティーとボディ・ランゲージがコミュニケーションの91％を占めているのなら、愚かなことを口走ったとしても問題ないだろう、と誤解する人がいる。

しかし、それではダメだ。どれかをないがしろにしても、残りの要素に傾注すればコミュニケーションがとりあえず成立する、などという妥協はするべきではない。

もし、あなたが本気で一流のセールスパーソンになりたいなら、３つの要素すべてを最大限に利用できるようにならなければならない。

言葉には力がある。コミュニケーションにおいて言葉が占めている割合は９％でしかないのは事実だが、だからといってあまりにも意味をなさないことを口走っていると、見込み客はあなたのことを「無能である」と見なし、ラポールは壊れてしまうだろう。

あなたはこう思うだろう。

「ジョーダン、確かにあなたの言っていることは理にかなっている。誰かが非常に頭が切れて、情熱的で、専門家でもあるなら、その人の話に耳を傾けるのは当然のことだ。しかし、一体どうやって最初の4分の1秒間にそんな印象を与えればいいのか？」

確かに、「私は頭が切れて、熱心で、専門家なんです」などと直截《ちょくさい》に伝えたとしても、何の効果も得られないし、むしろ、失笑を買うのがオチだ。

したがって、「言葉」のアプローチによって伝えようとしても不可能なのだ。言葉で伝えるには4分の1秒間という時間では短すぎるし、そんな短い間にストレートな言い方で自分の有能さを訴えても失笑を買う羽目になるだけだ。それではどうすればいいのか？　ここで、トナリティー（声の調子）を使うのだ。

トナリティーは一種の能力であり、電話における対話にせよ、対面での対話にせよ、あなたから飛び出してくるもので、あなたの外見と同じく「バーン！」と無意識のうちに印象を残すものだ。

そのトナリティーに先ほど挙げたセールスパーソンとしての3つの印象が含まれていれば、相手はそれによって「この人には耳を傾ける価値がある」と無意識のうちに確信するのだ。

トナリティーは、一部の人間だけに備わった天性の才能ではない。後天的な訓練によって誰でも身につけることができるものだ。身につけるという言い方は、やや論理的ではないかもしれない。なぜなら、人間は誰しもすでにトナリティーを日常的に用いているからだ。

大多数の人々が、声の調子のパターンを無意識的に使い分け、話す言葉の意味を強めたり、逆に弱めたりしているのだ。

あなたが何か話をしている時、それを聞いている相手は、常に頭の中であなたが発した言葉を反芻《はんすう》し、それに賛成するべきか反対するべきかを考えている。

その際、あなたの話す言葉以上に、あなたのトナリティーがその人の意思決定に大きな影響を与えていることを知らなければならない。

人間の話し言葉のトナリティーには、少なく見積もっても29種類の音調が確認されている。そう聞くと、あまりにも多すぎると思うかもしれないが、私たちはこれらの声の調子をすでに無意識に使い分けている。

29種類もの声の調子を新たに学ぶ必要はない。**無自覚的に使っている調子を、自覚的に使いこなせるようになればいい**のだ。

興奮して声を荒げる時、確信を持って何かを語る時、力強く何かを主張する時、秘密を打ち明ける時、誠実に相手に語りかける時、不安を訴える時など、あなたはいつもトナリティーを自然に使っている。

これらの無自覚的な声の調子に対する理解を深め、自覚的に利用できるようになれば、望む結果を出すことは、さらに容易になるだろう。トナリティーは、あなたの秘密の武器となるのだ。

あなたは、これを正しく使った時の影響力に驚くことだろう。

実際、LFロスチャイルド時代の上司は、「愛想よく電話をかけ続けろ。12時まで脇目もふらずにだ」とよく言ったものだ。「愛想よく」というのは、かなり大雑把なアドバイスだが、しかし物事の本質を突いている。

要は、**落ち着いた、優しい説得力のある話し方をして、顧客をたらしこむように声の調子を工夫する**ということだ。

トナリティー（声の調子）を正しく使うことができれば、すべての要素を相手に印象づけることができる――聡明《そうめい》さ、熱意、威厳は、トナリティーで伝えることができるのだ。

あなたが話を始めると、聞き手はあなたの意見に対して、賛成または不賛成を唱えることで、あなたとの関係を築いていく。

トナリティーを駆使すれば、より確固たる関係を築いて、聞き手の心の声をコントロールできるようになる。

あなたがあえて言葉にしなくとも、相手はあなたの望み通りに物事を考えるようにさえなるだろう。特に、相手があなたを信頼できる人物か否かを判断する時には、トナリティーを活用しよう。トナリティーについては、第5章で詳しく説明する。

「富の評価表」で満点を取れ

次の10の項目は、ストレートラインの富の評価表（事業、セールス、起業的成功に関する、自身の現状を正確に知る重要性を教えてくれるもの）である。各項目が10点満点で、全分野で「10点」を獲得したとしたら、あなたはビジネスにおいて劇的な成功を収めるだろう。

ストレートライン・システムを実践する前に、まず現状のありのままのあなたについて知ってほしい。そして、成功に向かうプロセスの折々で、その時のあなたを評価してほしい。

①心の状態の管理
②信念
③温度計／基準

④ビジョン／フォーカス
⑤起業家魂
⑥セールスと説得／影響
⑦マーケティング（オフラインとオンライン）
⑧多数の収入源
⑨資金調達の専門知識
⑩メンターを求める欲求

①**「状態の管理」**は、セールスで成功する上で理想的な心の状態の評価だ。

②**「信念」**は、セールスを行なうには、富と成功に導いてくれる信念を持っているかが重要になる。

③**「温度計／基準」**と呼ばれるものは、人生において、心地良く感じられる「居場所」のこと。すべての人はお金と成功に対して「基準」を持っている。ある人のお金の基準はとても高い。だからお金を多く所有している。

一方、基準の低い人はすべてが上手くいっていても、設定した基準以上のものを得ることはできない。とはいえ、基準を上げることは簡単だ。

④**「ビジョン／フォーカス」**。動機・理由とともに目標（ゴール）の指針となるものがビジョンであり、どのビジョンにフォーカスする（焦点を合わせる）かが、重要になる。

⑤**「起業家魂」**とは、要はやる気だ。具体的には、富に対する強い欲求はあるのか？　そのために1年間はがむしゃらに働き続けられるかということである。

⑥**「セールスと説得／影響」**。セールスやビジネスを上手くいかせられるか、鍵は、いかに顧客を説得して、影響力を行使するかにかかっている。

⑦**「マーケティング」**には、インターネット回線を用いたオンラインと、昔ながらのダイレクトメールや電話を用いたオフラインがある。

前者は、ウェブサイト、ワードプレス、ｅコマース、ランディングページ、スクイーズページ、ＰＰＣ広告など、近年さまざまな手法が開発されている。

⑧**「多数の収入源」**を持つことはリスク管理という意味でも大切だ。たとえば、私はストラットン・オークモント社時代、部下2人のために証券会社を興し、独立させ、その見返りに年間５００万ドルのロイヤリティを受け取っていたのだが、そのお金は

服役中に矯正施設で同じ部屋になった口うるさい男たちを黙らせるのに役に立った。地獄の沙汰《さた》も金次第というところだろう。リストラや倒産などの不測の事態に備えて、収入の複線化を図っておくことは重要である。

⑨**「資金調達の専門知識」**もないと話にならない。自分が行なおうとしている商売の知識がないのは、武器を持たずに戦場に赴くようなものだ。自慢ではないが、まだ証券業界に私がいた時、どんなにドラッグをやっていても自分よりアメリカ証券法に通じている者はいないという自負があった。

⑩**「メンターを求める欲求」**は、ＬＦロスチャイルド時代の重役だったマーク・ハンナがいなかったら、その後、私がウォール街の狼と呼ばれるようになったり、モチベーショナル・スピーカーになったりすることもなかっただろう。

また、ドラッグ矯正施設のオーナーであるジョージとの出会いがなかったら、ドラッグ中毒から立ち直ることはできなかった。

その意味で、自分の人生を劇的に変えてくれるメンターに出会うことは、成功への重要なファクターと言える。

第4章

ストレートライン・システム「5つのシグナル」と「ルーピング」

ストレートラインとは浮動票を「イエスにするステップ」

いよいよ、ストレートライン・システムの詳細を明かしたいと思う。

まず、ストレートライン・システムは、すべての人とクロージング（契約）を成立させるためのものではないということを理解してもらいたい。

世間には、クローズできない人々もいれば、クローズするべきではない人々もいる。

つまり、ストレートライン・システムとは、話をすべき正しい相手を選んでいるかどうかをよく見極め、**どっちつかずの態度を取っている人々に「イエス」と言わせるためのテクニック**である。

日常で接するすべての人をクローズするためのものではないのだ。

クローズする相手をふるいに掛けて特定する作業を行なうことで、同時に数多くの人々とのラポールを築くことができる。その後、クローズするために必要になる情報だけを探し出せばいい。

もし、あなたが、お金のことや相手に金銭的余裕があるのかどうかだけにひたすら意識を集中させているならやめた方がいい。見込み客の特定作業をすることで達成できる結果には遠く及ばないからだ。

見込み客の特定作業においては、彼らが何を必要としているのか、そして彼らの痛みが何なのかを見つけ出すために質問をぶつける必要がある。

あなたが買い手たちのことをまったく気にかけず、クロージングのことばかり考えていたら、それは彼らにはっきりと伝わり、あなたは遠ざけられてしまう。

しかし、特定作業を品良く行なうなら、あなたは買い手のことを真に理解し、気にかけている「信頼できるアドバイザー」であると認知してもらえる。

それができれば、クロージングなどは自然に後からついてくるのである。

ストレートラインで誰もが「生まれながらのクローザー」になれる

あなたは、一部の選ばれた幸運な人しか「クローザー」にはなれないと思っているかもしれない。

確かに、生まれながらのクローザーは、無意識的な方程式や戦略を用いることで、人々を確信がない状態から、何かに対して絶対的な確信が持てるような状態へと誘導することができる。

しかし、成功するために必要なこれらの能力を、あなたが生まれながらに持っている必要はない。誰もが卓越したクローザーになれる後天的な可能性を秘めているからだ。

すでにあなたの内側に秘められている「贈り物の箱」を開く鍵を見つけさえすればいいのだから。

ストレートライン・システムと、その成功を促進させる5つのシグナルをマスターするために、あなたはこのプログラムにおいて、持てる能力を統合することになる。

完璧《かんぺき》でなくていい。これから紹介する、**ストレートラインの5つのシグナルのうち、たった1つをマスターするだけでも、肯定的な結果が得られる。**

ストレートライン・システムの「3つの教義」

ストレートライン・システムは、契約可能なすべての人を実質的なクロージングに導くために、人々に何らかの行動を取らせるように働く。

完璧なストレートライン・システムと5つのシグナルが、あなたを成功へと駆り立てるのだ。あなたは最初にストレートライン・システムがどのように働くかを、論理的かつ感情的な観点から、身をもって体験することになるだろう。

ストレートラインは完璧なセールスを視覚的に表現したものであり、大きな結果をあなたに引き寄せる。あなたの見込み客は、あなたが言うすべてのことに対して「イエス」と言うだろう。

しかし、完璧なセールスを行なっている販売員はごく稀《まれ》にしか存在しない。なぜなら、見込み客はあなたをストレートライン・システムから締め出し、セールスを支配しようとするからだ。彼らは、ストレートライン・システムの領域の外へ、効果的にあなたを追いやっているのだ。

あなたの目的は、ストレートライン・システムの境界の内部に留まる限り、販売を自分のコントロール下に置くことにある。

そして、あなたがその境界の内部にいる時、次の3つのことを行なっている。

①素早いラポールの構築
②大量の情報を集めること
③販売をコントロールすること

これらはストレートライン・システムにおける3つの教義である。

「スリーテンズ」を外して成約することは不可能

続いて、契約成立に持ち込む時に、私が最も重視している3つの要素がある。これは、ストレートライン・システムにおいて重要な「5つのシグナル」の中の特に外すことのできない3つである。

あなたの売り込もうとしている商品やサービスが何であれ、この3つの要素はすべてに共通しており、契約に持ち込む上では、次の3つの要素を満たすことは必要不可欠だ。

私は、この必須の3つの要素のことを、「スリーテンズ（The Three 10s）」と呼んでいる。つまり「各項目で10点満点を取らなければならないほど重要な3つの項目」という意味である。

【スリーテンズ（The Three 10s）】

①見込み客があなたの商品を気に入っていること
②見込み客があなた自身に好意を抱いて、信頼していること
③見込み客があなたの会社に好意を抱いて、信頼していること

これら3つの項目について分析してみると、これらがいかに重要であるかがわかる。

❶ 見込み客があなたの商品を気に入っていること

仮に私が車のディーラーだとする。あなたと私は長年の友人同士だ。私が経営する販売代理店は評判が良く、多くの人から高く評価されている。だが、あなたは、私が売っている車のモデルが好きではない。あなたはこの店の車を買うだろうか？　答えはノーだ。

❷ 見込み客があなた自身に好意を抱いて、信頼していること

次に、私がストックブローカーだとしよう。私がなれなれしい態度であなたに電話をかけてきたとする。あなたは私の会社の名前を聞いたことがあり、私の会社の評判や質の高さも知っている。

私が今あなたにすすめている株式には、あなたもかなりの関心を抱いている。だが、あなたは、電話をしてきた私を不作法で横柄な人間だと感じた。普段なら親しく付き合いたいと思わないタイプの人物だ。あなたは私から株を買うだろうか？　答えはノーだ。

❸ 見込み客があなたの会社に好意を抱いて、信頼していること

最後に、私が不動産会社のセールスパーソンだとしよう。あなたと私は長年の友人だ。あなたは私が売っているある物件を気に入っている。あなたのニーズを満たしているし、価格も予算内に収まるからだ。

しかし、うちの会社との取引で過去に苦い思いをした人たちが、「この会社とは取引しない方がいい」とあなたに言ったとする。あなたはこの物件を買うだろうか？

答えはノーだ。

では、前述した3つの重要事項をどうやって満たせばいいのだろうか？

答えは単純だ。あなたは、自分自身が信頼できる価値あるものを売ればいいのである。あなたが売っている商品が良いものでなければ、それに見切りをつけて、自信を持って売れる商品を売るようにしよう。

顧客に、あなた自身とあなたの会社に好意を抱いてもらい、信頼してもらうには「この件については、私を信じてください」と主張するだけでは不十分だ。

5章で詳述するトナリティー（声の調子）やボディ・ランゲージも駆使して、信頼関係を築かなければならない。

ちなみに、ここで紹介した「スリーテンズ」に、次項で紹介する「行動の境界線」と「痛みの境界線」の2つを足したものが、ストレートライン・システムにおける最も重要な5つのシグナルである。

さまざまな価値観や反対意見、そして多くの他の商品やサービスがあるにもかかわらず、見込み客が、あなたの商品やサービスを購入する場合、すべてのセールスに共通するスリーテンズをあなたが満たしている必要がある。

この3つのうち1つでも足りないなら、あなたがクロージングする確率はきわめて低くなるということを肝に銘じておいてもらいたい。

繰り返すが、スリーテンズは、

①見込み客があなたの商品を気に入っていること
②見込み客があなた自身に好意を抱いて、信頼していること
③見込み客があなたの会社に好意を抱いて、信頼していること

の３つである。もし、あなたがほんの短い時間で、見込み客の心の中にこれら３つの重要な要素をつくり出すことができたのなら、あなたは高確率で顧客とクロージングを交わすことができるだろう。

スリーテンズの10段階のスケールは、見込み客の確信度のスケールと言い換えることができ、また、次のように定義することができる。

1点＝完全な不安定感
↓
10点＝絶対的な確信

1と10の間で見込み客の多くは揺れ動くわけだが、スリーテンズのすべての項目において10点満点を獲得することが、あなたの成功の鍵となる。

スリーテンズの1つ目、「見込み客があなたの商品を気に入っていること」を達成するには、あなたの商品が歴史を変えるほど素晴らしいものだと顧客が納得する必要がある。

顧客が即決で商品を購入しなくても、その商品に対して10点満点の評価をさせることが大切になる。

その際、顧客の口調やおおよその態度が、商品に対してどのように思っているかの貴重なヒントになるのだ。

スリーテンズの2つ目、「見込み客があなた自身に好意を抱いて、信頼していること」を達成するには、顧客に商品の素晴らしさを理解してもらうのはもちろん、さらには自分自身をアピールする必要がある。

顧客があなたの商品をどれだけ気に入っても、あなたを信頼することができないなら、あなたから商品を購入することはないのである。

スリーテンズのうちの3つ目、「見込み客があなたの会社に好意を抱いて、信頼していること」を達成するには、顧客にあなた自身や商品の素晴らしさを説得するのはもちろんだが、さらにあなたの会社自身についてもアピールする必要があるということだ。

見込み客があなた自身、そしてあなたの商品をどれだけ気に入ったとしても、あなたの会社を信頼することができないなら購入には至らない確率が高いからだ。

成約率をさらに引き上げる「2つの要素」

ストレートライン・システムにおいて最も重要な5つのシグナルにおける、最後の2つの要素は次の通りだ。

④見込み客の「行動の境界線」を下げること
⑤見込み客の「痛みの境界線」を上げること

④「行動の境界線」というのは、**人が行動を起こすまでに到達すべき無意識のライン**のことである。人に影響を与えるためには、行動の境界線は最も重要なコンセプトの1つとなる。

たとえば、顧客がストレートライン・システム上を順調に進んでおり、スリーテンズに対してほとんど確信を持っているにもかかわらず、なぜかためらって購入を決めてくれないといったことは、その人の行動の境界線に起因する。

行動の境界線が「高い」位置にある人たちは、スリーテンズがすべて10点満点でないと購入を決断しない。求める確信のレベルが高いがゆえに、これらの人たちに営業活動をするのは難易度がとても高いということだ。

その一方で、行動の境界線が低い位置にある人たちは、即決で購入を決める。スリーテンズが必ずしも10点満点でなくても購入するということだ。

誰かが行動の境界線を下げるのは一瞬の出来事である。だからこそ、タイミングが重要になる。その際、当然自分自身、自分の商品、そして自分の会社に対する確信を確立した上で行動しなければならない。

購入を決断する時、私たちは頭の中で「早送りで映像を観る」状況になることが多い。その商品やサービスが、**自身の気分を上げてくれるのか、または落胆させるのかを、瞬時に、かつ直感的に判断する**のだ。

これらの映像は無意識に、素早く再生される。この時、「最悪の結末とは何か?」を自問自答する。つまり、状況のデメリットを考え、それが自分にどのような痛みや快感をもたらすかを見るのだ。

私たちの目的は、顧客が行動の境界線に達するように、必要な確信のレベルを下げることである。最善の方法は、顧客が購入に至るまでの制限的な信念を乗り越えられるよう助けることなのだ。

なぜ、彼らはなかなか購入に至らないのか？　なぜ、行動の境界線が高いのか？　彼らは、自らの人生経験から、購入に対する抵抗感や否定的信念を築いてしまい、購入決定地点が高くなっているのだ。

この否定的信念は、保証制度を守ってもらえなかったといったような、過去に商品を購入した時のネガティブな経験、若い頃に受けた両親からのアドバイスなどによって築かれる。これらが積み重なると「買うな！」という声が頭の中で響き渡るのである。

彼らは、決して優先すべき顧客ではないが、努力を費やす価値がある顧客でもある。**彼らを説き伏せることに成功すれば、生涯の顧客になってくれる**からだ。

⑤「痛みの境界線」というのは、実際に購入のハードルを越える際に必要とされる、「痛みのレベル」を指している。これを上げる必要があるのだ。

なぜなら、大きな痛みを感じた時、私たちは何でもやってみようとするものだからだ。

不安な時、人は行動を起こす。ある一定の期間、痛みを感じていたとしたら、なんらかの行動によって痛みから抜け出し、快感に飛び込もうとするものだ。

痛みの境界線を上げるには、未来予測をさせ、エレガントな方法でよりたくさんの痛みをつくり出しながら、痛みの「物語」を語ってあげることが有効だ。

ストレートライン・システムの過程において、痛みを増幅させるタイミングは2回ある。

・セールスの初めに顧客が情報収集をしている時

このタイミングでは、あなたのオファーを自身の痛みと比較をしてもらうということをしなければならない。

・セールスの終盤で顧客が悩んでいる時

このタイミングでは、痛みを増幅させ、痛みの境界線を行動の境界線よりも高めることが重要だ。

「行動の境界線」と「痛みの境界線」は、反比例する関係性にある。**痛みが多ければ多いほど、行動の境界線は低くなる。**たくさんの痛みを感じている人は、そうでない人よりも早く行動する。

見込み客の痛みを増幅させるには、彼ら自身の痛みを感じた経験に耳を傾け、会話の中に痛みを見いだしたら、それをより詳しく話してもらうことだ。

見込み客が痛みと捉えていることを聞き出し、痛みを増幅させている時には、トナリティー（声の調子）やボディ・ランゲージに注意しよう。

見込み客が何回か反論した後は、購入のシグナルを出し始めるかもしれない。次のようなフレーズに耳を傾けよう。これらの言葉を口に出し始めるなら、顧客は「イエス」に近づいていることがわかる。

「いくらなの？」
「どんなふうに効果があるの？」
「その辺はどうなっているの？」

行動の境界線がかなり高い見込み客たちは、あるもののポジティブな面よりも、ネガティブな面からはるかに大きな影響を受けている。彼らは、たった1つのネガティブを乗り越えるために、たくさんのポジティブが必要になるのだ。見込み客の痛みの境界線を増幅させることが必要になるのである。

迷っている相手に「イエス」を言わせる「ルーピング」

繰り返すが、ストレートライン・システムの目的は、契約を成立させる可能性のある人との取引を、実際に成立させることにある。

つまり、戦略を駆使して、あなたの商品を買おうか迷っているどっちつかずの状態にある人を、あなたの商品に対して絶対的に確信している状態にまで、できるだけ速《すみ》やかに、手際良く誘導して「イエス」と言わせるということだ。

しかし、実際にはそんなふうにスムーズに行くことばかりではない。見込み客が「不承知の状態」にはまり込んで、頑として動こうとしないこともよくある。

不承知の状態とは、積極的に「あなたの商品は買わない」と反対しているわけではないものの、「イエス」という返事にはまだ行き着かず、「ちょっと考えさせてください」「妻に相談してみないと……」などと、商品やサービス、それを扱っている人に心から納得できずに購買を踏み留まっている状態のことだ。

客が不承知の状態に留まっているのに、何の対処もしないのは愚の骨頂で、とうてい契約の成立など望めないし、あなたのビジネスパーソンとしてのキャリアにもヒビが入るだろう。

ストレートライン・システムの９割は、この不承知への対処法で占められている。つまり、不承知への対処を学ぶことが、すなわちストレートライン・システムを学ぶことだといっても過言ではない。

ストレートラインは、原則的に、あなたの商品を買おうか迷っているすべての人を魅了すること、これらの戦略を使って彼らに「イエス」と言わせることができる。見込み客の不承知を乗り越え、成約へとたどり着くためのストラテジーとは何か。

私は、これを「ルーピング」と呼んでいる。

「5つのシグナル」と「ルーピング」で自然にノーをイエスに変えられる

ルーピングとは、見込み客の不承知を巧みにかわしながら、前述した、ストレートライン・システムにおける「5つのシグナル」、

①見込み客があなたの商品を気に入っていること（商品に対する確信度）
②見込み客があなた自身に好意を抱いて、信頼していること（あなた自身に対する確信度）
③見込み客があなたの会社に好意を抱いて、信頼していること（あなたの会社に対する確信度）
④見込み客の行動の境界線を下げること（行動の限界値）
⑤見込み客の痛みの境界線を上げること（痛みの限界値）

をすべて満たそうとする行為のことだ。

相手の行動の境界線を下げ、痛みの境界線を最大化しつつ、3つの重要事項を満た

せば、あなたはその相手から再び商品を購入してもらうことができるようになる。

そして、ルーピングが一度完了した時点で、あなたはもう一度、取引の成立をお願いすることになる。あなたが正しく、完全なルーピングを行なうことができていれば、クロージングできる確率はきわめて高くなる。

ストレートライン・システムの９割は、「考えてみます」と言われた時に、そこからいかに手際よく、「５つのシグナル」をもとにした「ループ」に持ち込み、成約に至らせるかを理解することで占められていると言ってもいい。

そして、これらの５つのシグナルは、見込み客が「イエス」と言わない理由をそのまま言い表してもいる。つまり、こういうことだ。

①あなたの商品について納得していない
②あなた自身を信用していない
③あなたの会社を信用していない
④行動の境界線が高く、なかなか決断しない
⑤痛みを感じていない、焦っていない

客は、これらの理由から「イエス」と言うことをためらっているのだ。

これらの理由以外に、あなたの客が購入をためらう理由は「ない」と断言できる。強《し》いて他の理由を挙げるとすれば、単純に「金銭的余裕がない」ということだが、そういった見込み客は、事前に適切な特定作業を行なっていれば問題ない。そもそもあなたの見込み客リストに載ることはないからターゲットとなり得ないからだ。

さて、ここからは見込み客の不承知をいかにかわして、ルーピングによって相手に「イエス」と言わせるかについての具体的な方法を学んでいこう。

見込み客の「不承知」をいかに「かわす」か？

セールスに関する最も根拠に欠けた俗説の1つに、「客のノーをイエスに変えるのがセールスの目的だ」というものがある。

これは、一見もっともらしいことを言っているようだが、実は間違っている。現実のセールスにおいて、客の口から「ノー」と言われたことがある人はあまりいないはずだ。

見込み客たちがひんぱんに口にするのは「ノー」ではなく、「考えてみます」だからだ。

もし、実際にはっきりと「ノー」と言われたなら、「よし、次行ってみよう」と気を取り直してターゲットを変えればいいだけだ。

セールスの真の目的は、この「考えてみます」「妻に相談しないと」などの言い訳、つまり不承知を、手際よく「イエス」に変えることにある。

何としても取引を成立させようとして長々と居座って奮闘し続けるのは、あなたにとっても見込み客にとっても利益にならない。

見込み客がはっきりと「ノー」と言い続けるのなら、それはすでに見込みのある段階から完全に脱落して「脈なし」の状態にまで移行してしまったとみなすべきだ。

脈なしの状態であるのが明白なのに頑張り続けても、契約成立からどんどん遠ざかっていく。さらに、それまでに築き上げてきた見込み客とのラポールを破壊し、デス・スパイラル（破滅への悪循環）へと陥ってしまう可能性もある。

だから、まず、見込み客の口から出てくる言葉に耳をよく傾けて、目をしっかり見開いて相手のボディ・ランゲージを観察しなければならない。

そうして、**相手が「ノー」と言っているのか、それとも単なる「不承知」の状態にいるのかを見極める**必要がある。

彼らがあなたに伝えようとしているメッセージが単なる不承知に過ぎないなら、あなたにはまだ可能性があるということだ。

それは、単純に「１００％の確信がない」だけの状態だから、ルーピングの技術をマスターして、適切に用いれば、絶対に挽回することができる。

見込み客の「不承知」には10種類ほどのパターンしかないが、その中でも「お金の余裕がない」というパターンについては、先ほど述べた通り、対処する必要はまったくない（繰り返すが、そういう客を見込み客のリストに載せないように事前に厳選することが大切だ）。

しかし、それ以外のすべての不承知の理由には、きちんとした対応をしなければならない。

対応といっても、何も見込み客が言っていることに反論したり、はぐらかしたりしろと言っているわけではない。むしろ、それでは解決から遠ざかってしまう。**客と反論の応酬をしたとしても、彼らが「イエス」ということは決してない**からだ。

それでは、どのように不承知に対応すればいいのか。

まず相手が何と言おうと、こう言って「かわす」ことが必要だ。

「お客様のおっしゃりたいことはわかりました。では、ちょっと質問させてください。このコンセプトについては納得されましたか？　コンセプト自体は気に入っていただけたでしょうか？」と。

こうして「ルーピング」のプロセスを開始するのである。

常勝を確約するルーピングの「プロセス」

あなたが見込み客に対して初めて契約をお願いして、相手が「考えてみます」や「妻に相談してみないと」など、さまざまな不承知の態度を示した場合、あなたがするべき対応はこうだ。

「お客様のおっしゃりたいことはよくわかりました。では、ちょっと質問させてください。このコンセプトについては納得されましたか？　コンセプト自体は気に入っていただけたでしょうか?」

こう聞かれた大多数の人々は、「はい、コンセプトは良さそうですよね」と答える。そこで、あなたはすかさず「そうなんですよ。実はですね……」と言って、第1ループに取りかかればいい。

「第1ループ」では、5つのシグナルの最初の項目、**「商品に対する確信度」を高めること**に焦点を当てて、ロジカルに商品を売り込んでいく。

つまり、あなたの商品の持っているメリットについて、徹底して論理的に説明するのだ。そして、最後に「今の説明、おわかりになったでしょうか? コンセプト自体は気に入っていただけたでしょうか?」と尋ね、相手が「コンセプトは良いですよね」と答えたら、すかさず「そうなんですよ」と言って、契約成立を請《こ》う。これが第1ループである。

ループの最後には、「これでご納得いただけましたね?」という穏やかで確信のこもった口調で契約成立を請わなければならない。

しかし、その時、見込み客の反応がまたも不承知であった場合は、それが「商品に関する確信」のなさによるものなのか、それとも別の要因に対する確信のなさによるものなのかをよく見極める必要がある。

もし、見込み客が商品に対して確信が持てないために足踏みをしているなら、第1ループを繰り返し、商品の売り込みを続けて構わない。だが、もしそうでないなら、第2ループに取りかかる必要がある。

「第2ループ」では、５つのシグナルのうちの2番目の項目、**「あなた自身に対する確信度」を高める**ことに焦点を当てて、自らへの信頼を勝ち取ることに集中する。つまり、あなた自身を相手に売り込むのだ。

第2ループでは、たとえばこんな感じのことを言う。

「もし私が、この15年間、お客様に対して、6ドルで買った株を30ドルで売れるようにしたことが一度でもあれば、今こうして『考えてみます』とはおっしゃっていませんよね？」

そして、続けて愛想良くこう言うのだ。「きっと、『ジョーダン、じゃあ、これで行こう』とおっしゃることでしょう」と。

こうして、あなたの見込み客が同意せざるを得ない、単純なメタファーをつくり上げることができる。ラポールはこのようなやり方でも確立することができるのだ。

そして、相手の反応をよく観察し、どんな不承知も反論することなく「かわし」続け、自分自身を売り込む第2ループを繰り返すのだ。

このループは、あなた自身を相手に売り込むフェーズではあるが、自分の利益ではなく、相手の利益に焦点を合わせて行なうことが重要だ。**「私の価値」は「あなたの利益」に直結しているのですよ、ということを伝える**のである。

そして、ループの最後には、第1ループと同様に、穏やかに契約成立を請おう。見込み客がそれでも不承知である場合は、それもかわして、その場に応じて適切なループを行なう。

商品を売り込み、自分自身を売り込んで、それでもなお見込み客が不承知の場合は、「第3ループ」に取りかかることになる。第3ループは、5つのシグナルの3番目**「あなたの会社に対する確信度」**に焦点を当てて行なう。

愛想良く「当社はですね……」と言って、今度はあなたの会社のいいところを売り込む機会とするのだ。この場合、できるだけ**小さな事柄の話から、だんだんと大きなパワフルな事柄に話題を移していく**ように心がけてほしい。

いきなり、「我が社の理念はですね……」などと大言壮語するのはあまりいただけない。そういう話はたいていの場合、空々しく響くからだ。

小さな話題から大きな話題へ移行していくことが大切だ。あなたの会社のことに話を滑らかに持って行って、売り込んだ後は、最後にこう言おう。

「ですから、1つご提案があります。こうするのはいかがでしょうか？」

そして、ループの最後に、再び契約成立を請うのだ。

「これだけ、お願いします。今回だけでいいですから。6カ月前にお電話して、その時に開始していれば、何も問題はなかったのですが。ご納得いただけましたか？」

もし、ここでもまた不承知となるのであれば、重砲を持ち出す時だ。

あなたが売り込んでいる商品に関する「最高の利益」となる点を持ち出し、できるだけはっきりと、自信のこもった口調で話すのだ。

第2ループと第3ループは、**「話を感情ベースで締めくくること」**が肝心だ。

つまり、見込み客自身が、これからその商品を利用して満足している姿を鮮明にイメージできるように訴えかけるのである。

感情ベースの言語表現において鍵になるのは、未来に焦点を合わせること。見込み客の心の眼を未来に向けさせるようにするのがコツだ。

たとえば、こんなふうに説明すればいい。

「もしお買い上げいただいた場合、こういう結果になります」

「将来こちらを利用すれば、お客様の人生にこういうことが起こります」

「これが、他の顧客に起きたことと同じことが、お客様にも起こるのですよ」

そして、そこで話を止める。これも大事な秘訣だ。

こういう状況では、**最初に口を開いた方が負ける。**くれぐれも自分の方から口を開いて台無しにしないようにしてほしい。

ルーピングには「台本」が必須

効果的なルーピングを手際良く行なうには、台本を書いておくことが必要となる。アドリブですべてを完璧にこなせる人はほとんどいない。

セールスにおいて台本を書かないことは言語道断だ。台本の重要性については改めて後述しようと思う。

ルーピングの台本は、倫理的で、誠実で、的を射ていて、魅力的な表現に満ちていなければならない。そして、パワフルな言語パターンがちりばめられたものにできれば最高だ。

パワフルな言語パターンとは、たとえば「事実上」といった言葉だ。

「あなたがこの商品を購入すれば、事実上こうなりますよ」など。

また、見込み客が明るい未来のことに思いを馳《は》せたくなるような言語パターンを使うことも忘れないでほしい。

過去に取引をすでに成立させたことがあるなら、「以前にもこれだけお金を儲けましたよね」と過去の成功体験を思い出させてもいい。

ただし、１つだけ気をつけなければならないことがある。それは、同じことを繰り返し言わないようにすることだ。

ルーピングは「繰り返し」という意味でもあるが、単純に同じ内容を繰り返せばいいというものではない。むしろ、それは逆効果になることもある。

同じことを繰り返していれば、ただの「バカ」だと思われる危険性もある。それでは、売ろう売ろうとするあまり、自分自身の売り込みに失敗する結果になってしまう。

だから、**各ループでは新しい特徴を述べ、新しいこと、新しい情報を提供して、契約成立を促す**ように作戦を立てなければならない。

ループごとに、少しずつ違うことを話し、さまざまなパターンの言語表現によって、相手を穏やかに攻略するのだ。

また、相手の不承知に答える最善の方法は、相手がその態度に入る前に、こちらからそれを持ち出すことだ。つまり、**相手が納得できないであろう部分について、機先を制して言及してしまう**ということだ。

そうすることで、あなたは自分にとって不利になるようなことでも恐れずに打ち明けられる「誠実な人物」だという印象を与えることができる。

したがって、ループピングの台本には、あらかじめ相手が持ち出してきそうな不承知を盛り込んでおくのがいい。相手がそれを持ち出す前に、自分から持ち出して、可能性のある不承知すべてを見込み客の前で自ら吹き飛ばしてしまうのだ。

また、ループピングをする際には、**引き際にも注意**しなければならない。

相手が同じ不承知をずっと繰り返している場合、不承知ではなく「ノー」である確率が高い。その場合は、さっと身を引くのが賢明だ。

ルーピングをしている間は、相手の口調の変化に敏感になる必要もある。相手が不承知の態度を取っていても、口調が「丁寧」であれば、その相手は恐らく純粋な関心をまだ持ち続けている。その場合は、他のループを試す価値は大いにある。

だが、見込み客の口調が無愛想だったら、恐らくルーピングを続けてもたいした効果は得られないだろう。

ウォール街の狼がすすめる「必勝フレーズ」

見込み客の不承知をかわして、適切な言語パターンによって第1～第3までのルーピングを成功させた場合、５つのシグナルのうちの最後の２つの項目、相手の「行動の限界値」と「痛みの限界値」を、自然に契約成立に有利な方向へと変動させることができる。

つまり、**相手を「買う」という行動に踏み切りやすくさせ、なおかつ「その商品を手に入れないことで感じるであろう痛み」に対して敏感にさせる**わけだ。

ここでは、ルーピングをする際に役立つ言語パターンの典型例を紹介しよう。

①「この商品のコンセプトについては納得されましたか？　コンセプト自体は気に入っていただけたでしょうか？」
②「このプログラムの真の素晴らしさは……」
③「もし、私が○年前からお客様のアドバイザーであったなら……」
④「当社についてですが……」
⑤「この取引以外に当社がお客様のためにできることは……」
⑥「まずは小さく始めて、将来もっと大きくしていくことができます」
⑦「これを購入された場合、起こり得る最悪のこととは何でしょうか？」
⑧「私の熱意をプレッシャーと誤解なさらないようにお願いします。とにかくこのオファーについて興奮しているんです。これはきっと成功するし、お客様の痛みもわかるものですから」
⑨「おっしゃることはわかります……」
⑩「簡単に始めることができます。ただ、基本的な情報の問題なのです」

⑪「現金支出についてですが……」など、支出・支払・費用など客の負担を意識させる言葉は極力使わないようにすること。

ここに挙げた非常に強力な言語パターンは、スリーテンズのそれぞれにおいて、もうすぐ「10点満点」を獲得できそうになるその時までは使わないようにしてほしい。あなたは必ずいつも、非の打ち所のないほど誠実な口調で話さなければならない。分別のある人の口調で、穏やかに話すように心がけるのだ。

ルーピングをしている間は、金額に関する話題は最小限のものにして、商品や顧客の未来に関するポジティブな情報を次から次へと投げかけるようにすること。

そして、最もパワフルで最も重要な情報は、最後まで取っておくことをすすめる。**最善のものをやすやすと相手に受け渡してはいけない。**

前述した通り、ストレートライン・システムの目的は、人生で出会うすべての人と取引を成立させることではない。そんなことをしていたら、成約率が下がってしまう。ビジネスパーソンとして実績を上げたければ、1分1秒も無駄にしている場合ではない。

自分の売り込む商品をとうてい買ってくれそうもない人間には売り込みをかける必要はない。もっとはっきり言えば、そういう相手に時間をかけては「いけない」のだ。

第5章

ストレートライン・システム「トナリティー」と「ボディ・ランゲージ」

成功をつかむ「7つのベース」

この章では、成約率を引き上げるためのトナリティー（声の調子）とボディ・ランゲージについて話したいと思うが、その前に次の7つの要素を知っておいてほしい。

これらを知っておくことで、成約率は飛躍的に上がるからだ。これをベースにお客に向かうことであなたは成功をつかむことが可能である。

①**相手との会話をリードしようとする時**は、高めのトーンで話すようにする。
②**セールストークをする時**は、文末で声のトーンを上げるようにする。
③**「特別な」商品またはサービスに関する話をする時**は、小声で秘密を打ち明けるような口調で話して強調する。
④**見込み客に「調子はどうですか？」と挨拶する時**は、抑制のきいた口調を使う。これで、あなたが相手に真摯に関心を持っていることが伝わる。

⑤**相手に話をきちんと聞いてもらいたい時**は、話しすぎず、時々話を中断して、緩急をつけるようにする。また、必要に応じて声のトーンを上げたり下げたりする。あなたの威厳が相手に伝わり、話をきちんと聞いてもらえるようになる。

⑥**契約を持ちかける時**は、そのサインとして、「さて」「ところで」「しかしながら」など話題変更のための接続詞を用いるようにする。

⑦**見込み客からの信頼を得たい時**には、熱意のこもった口調で語るようにする。そうすれば、あなたが「話を聞くに値する人物」であることが伝わるだろう。

これらの要素をベースとして、トナリティーとボディ・ランゲージを組み合わせることで、あなたはお金持ちになることができる。

トナリティーの重要な「8つのパターン」

多くの人は、人間が物を買うのは、論理的に思考した結果の判断によるものだと思っている。しかし、実はそれは間違っている。

人間は「論理」と「感情」の両方の作用を受けて物を買うことを決めている、というのが真実だ。

人々が抱く「確信」は、次のように2つに分類することができる。

①感情的な確信
②論理的な確信

人々は論理に基づいて何かを購入することはない。やや極論になるが、多くの場合、**人間は感情で物を買い、買った後でその選択を論理的に納得させている**ことが多い。

そう聞いて、「ああ、確かに」と思い当たるふしがある人は多いだろう。感情で購入し、論理で開き直るのだ。

しかし、脳の論理的部分をある程度満たされなければ、感情に影響される可能性が上がりすぎて、商品の購入が逆に阻害されることがある。片方だけでは上手くいかないということだ。

だから、セールスパーソンは、顧客の感情と論理の双方に働きかける必要がある。ストレートライン・システムは、相手の論理と感情を突き動かし、商品について確信を持ってもらうことを目的としている。

それでは、顧客の「論理」に影響を与えるのは何だろうか。

答えは、「事実」と「数値」である。

「ルーピングと不承知」でも書いた通り、商品を売り込む段階では、論理にもとづいた話し方の方が大きな効果を上げることができるのだ。

また、顧客の感情に影響を与えるのは、トナリティーである。

先ほども述べたが、私たちがすでに無自覚的に使っているトナリティーには、少なくとも29のパターンがある。ここでは、

1　希少性／緊急性

2　合理的な人物

3　絶対的な確信

4　気にかける

5　宣言ではなく質問を用いる
6　マイクロ・アグリーメント
7　前提としてのトナリティー
8　「私は知りたいのです」（精神的なつながりをつくる）

という、主要な8つのパターンについて説明したい。

これらのトナリティーをマスターすることができれば、見込み客に絶大な影響力を振るうあなたの秘密兵器となるだろう。

❶ 希少性／緊急性

このトナリティーは、相手に早急な行動を起こさせなければ、希望の物を手に入れることができないことを伝える時のものだ。

セールスにおいては、このパターンを用いなければならない局面が多く、実際このトナリティーで取引成立までの最後の一押しが上手くいくことも多々ある。

相手が、自然と「急がなければ」と思えるような、さりげない声の調子を模索するべきだ。どんなトナリティーのパターンにも共通していえることだが、わざとらしい言い方は避けなければならない。

「急《せ》かそう」という意図は持っていていいが、あまりにも「急かそう」としすぎると、相手はあなたの言葉の裏に利己主義的な意図を垣間見《かいまみ》てしまうからである。

❷ 合理的な人物

この「合理的な人物」のパターンは、あなたが相手に何かをしてもらいたいと要求する時に、相手がそれをするのは当然だと思えるような、「もっともらしい」声の調子のことである。

私がセールスの現場で、合理的な人物だと思われるためによく使う言い回しは、「ちょっとお時間ありますか？」「これでよろしいですか？」「ご心配なく、後悔はしませんよ」などである。

❸ 絶対的な確信

自分が売り込もうとしている商品やサービスについて完全なる確信を持っているこ

とを伝えたい時には、切り口が鋭く、力強く、断定的なトナリティーを用いる。

このトナリティーは、ストレートライン・システム上で、次の段階に進もうかどうしようかとためらっている見込み客の背中を押すのに役立ってくれる。

❹ 気にかける

このパターンのトナリティーが使われるのは、あなたが誰かの話を聞きながら、同調と同情の反応を見せている時だ。

たとえば、誰かが「今ちょっと金銭的に大変なんだよ」と言うなら、あなたは「そうなんですね、大変ですね」などと言えるが、さらに「あなたのことを気にかけていますよ」ということが伝わるトナリティーを使えば、あなたの誠実さをよりよく伝えてくれるだろう。

このトナリティーは、「あなたのことをもっと知りたいんです」という気持ちを伝える時などにも応用できる。

セールスパーソンは、相手が本当に見込み客なのかどうかを特定するため、セールスの序盤において相手のことを知るためのいくつかの質問をすることがある。

その時に、このトナリティーを適切に使うことができれば、かなりの情報をたやすく引き出すことができるようにもなるだろう。

❺　宣言ではなく質問を用いる

あなたが伝えようとしていることが、たとえ事実であろうと、それを宣言するような言い方で断定してしまうと、相手の賛同を得られないことがある。

そういう場合は、宣言ではなく、質問を用いるようにするのがいい。

たとえば、「こんにちは、ジョーダン・ベルフォートです」と宣言する形で自己紹介をするよりも、「こんにちは、ジョーダン・ベルフォートをご存じですか？」と文脈の最後を上がり気味にして質問形式で自己紹介してみることをおすすめしたい。

本来は宣言的であるはずの文章を質問形式に変えて相手に投げかけると、相手の賛同的な推測思考を促すことになる。

つまり、こうした自己紹介をすることによって、相手の内面にある、あなたとの関係性から容易に脱線したくないという部分を刺激することになるのだ。

質問形式で投げかけられた相手は、それに応えようとして内面の記憶の検索を始め、あなたを知っているか、真剣に考え始める。実際のところ、相手があなたのことを知っていなくてもかまわない。こうすることによって、あなたは相手に、自分を深く印象づけることができるのである。

このように、質問を上手く用いれば、あなたは相手の意識を絡め取り、好ましい印象を与えたり、気持ちを引き留めておくことができる。

ただし、当然ながら、質問する内容やタイミングを間違えると、相手を苛立《いらだ》たせることにもなるので注意してほしい。

❻ マイクロ・アグリーメント

文章や文脈の最後の部分を、勢いのある強めの調子で言うと、「マイクロ・アグリーメント」を得ることになる。

マイクロ・アグリーメントとは、取引成立の根幹にかかわる同意ではないものの、それを積み重ねることで最終的にラポールを築くことができる小さな同意のことを指す。

たとえば、「ジョーダン・ベルフォートですが?」「オーストラリアのセールス会社からの電話ですが？」「メルボルンのパーク・ハイアットでお会いしましたよね？」というように話すことが、このトナリティーの特徴だ。

これは実に簡単な方法だが、勢いを持ってこういった些細な質問をしていくことで、マイクロ・アグリーメントが生まれ、相手はあなたのペースに乗せられて、あなたの発言に賛同しやすくなっていく。

❼ 前提としてのトナリティー

見込み客に未来の予測をしてもらったり、結果について確信が持てない地点に導いていく場合には、前提としてのトナリティーを用いる。

たとえば、「これで儲けることができますよ」という言葉を、確信を持って伝えると、「この商品はあまりにも良いものなので、質問の余地がないのです」ということをほのめかすことができる。

見込み客が何らかの利益を得ることは、すでに「前提条件」となっているのです、ということを声の調子で伝えるのだ。

❽「私は知りたいのです」(精神的なつながりをつくる)

これは、「気にかけています」のトナリティーに似ている。このトナリティーはある対象に完全に意識を向け、興味があることを示すための声の調子で、瞬時にして相手とのラポールを構築する助けとなってくれる。

たとえば、あなたが相手に「今日はどうですか?」と話しかけたとする。こういう時、単調で元気のない声ではなく、ワクワクとした、気持ちの高揚するようなトーンを使って話しかけるようにするといいだろう。

そうした調子は、自分はあなたのことを気にかけているのだということを暗に表現し、無意識の上での精神的なつながりを築くのを助けてくれる。

トナリティーの目的は「信頼を築くこと」

トナリティーを用いる際には、常に相手との「ラポール(信頼関係)」を築くことを念頭に置かなければならない。

しかし、世間ではあまりにも多くのセールスパーソンたちが、顧客とのラポールが破壊されてしまっているにもかかわらず、セールスをクローズしようとして躍起になっている。

トナリティーは常に、ラポールを築くために用いられるということを忘れてはいけないし、自分と相手とのラポールが今どうなっているのかをいつも意識しなければならない。

ラポールには2つの鍵になる要素がある。見込み客は、この2つの感情を持った時に、あなたのことを信頼してくれる。

- **この人は私のことを「気にかけて」くれている**
- **この人は私と「同じ」ような人だ**

このように、ラポールの形成においては、あらゆる意味で「同調」が重要なのである。相手の感情や痛みに同調し、また価値観に理解を示して誠実に付き合うことが、あなたと相手とのラポールの形成を促進するのだ。

だから、トナリティーを用いる時には、ラポール形成のための最低条件ともいうべきこの2点を念頭に置いて用いるべきである。

セールスの途中で、どんなトナリティーを用いればいいのかがわからなくなったら、この2点を思い出して、状況に応じて適切なトナリティーに調整すればよい。

トナリティーは、時と場所をわきまえて、正しい方法で利用するなら、顧客の感情を完全なる確信へと突き動かしてくれる。

説得力のあるトナリティーによって説き伏せられた相手は、その商品を購入することが、感情的にも論理的にも正しいと思うようになるのだ。

先に挙げた8つのトナリティーのパターンを意識的に用いるためには、練習が必要になる。

これまでまったく意識せずに使っていたものを意識するようになると、初めのうちはぎこちなく不自然な感じになってしまうかもしれない。

しかし、辛抱強くこれらのトナリティーを自覚的にコントロールできるようになるまで練習すれば、いずれあなたの見込み客に与える影響力は、これまでよりも格段に強くなることは間違いない。

トナリティーの効果を倍増させる「ボディ・ランゲージ」

また、これらのさまざまなトナリティーは、特定のボディ・ランゲージとリンクさせることもできる。その時その時の状況にあった身体の動かし方が、トナリティーや正しい言葉遣いとリンクする時、それはストレートライン・システムを強化する役割を果たしてくれる。

あるいは、自分が普段無意識に行なっている癖や特有のジェスチャーを、トナリティーとリンクさせるという方法も効果的なので、いろいろと試行錯誤してみるのもいいだろう。

ボディ・ランゲージとは、立ち居振る舞いやジェスチャーはもちろん、**あなたが動きまわる時の空間や時間の使い方**も含まれる。近すぎて唾が飛んで当たるような場所ではダメだし、パーソナルスペースに侵入してもダメである。それに身だしなみも整えなければならない。人と会う時はちゃんとスーツを着る。そうしないと、クロージングすることはできない。

ボディ・ランゲージは、単なる見かけを超えた非言語のコミュニケーションで、言葉を1つも口にすることなく、感情、意図、思考を伝える力を持っている。

最大限にその力を引き出されたボディ・ランゲージは、時間、空間、外見、姿勢、ジェスチャー、顔の表情、目配せ、肌触りや匂《にお》いなどを効果的に管理するツールとなる。

多くの人々は、セールススキルとしてのボディ・ランゲージの重要性を見落としている。たとえあなたが**電話でのやり取りをしている時でさえ、どう身体を動かしたかが声色に影響を与えている**のだ。

最悪の第一印象を逆転させることは、ほとんど不可能に近い。

しかし、適切にボディ・ランゲージを行なえば、自ら進んであなたからの影響を受けようとする人々を見つけられるだろう。

また、適切なボディ・ランゲージには男女で違いがあることも知るべきである。

●男性が女性にセールスする場合

男性が女性を相手にする場合、相手の脇ではなく、正面に立つように心がけよう。少なくとも1メートルほどの距離を置いて、あなたの手が相手の女性に見えるようにする。パーソナルスペースを侵害した場合、相手は居心地の悪さを覚えて身を離し、距離を置こうとするだろう。

●男性が男性にセールスする場合

男性が男性を相手にする場合は、相手の正面ではなく、脇に立つように心がける。女性とは異なり、正面から向き合うと男性は往々にして居心地の悪さを覚えるからである。

トナリティー（声の調子）、ボディ・ランゲージをマスターしたら、今度は「正しい言葉の使い方」をマスターしよう。端的に言うなら、「愚かなことを口にしない」ということだ。しかし、これは意外と難しい。

せっかく顧客が乗り気になってきて、クロージングまであともう1歩というところでも、**たったひと言でもあなたが商品に対して不安を与えるような愚かなこと**を口にしてしまえば、それだけで契約がパーになってしまう可能性がある。

トナリティー　＋　ボディ・ランゲージ　＋　愚かなことを口にしない

この3つの要素がきちんとそろえば、相手は「この人は自分を気にかけてくれる誠実な人」だと思うようになり、契約成立までの間に横たわっているほとんどの障害は消え去るだろう。

逆に言うと、この3つの要素が不完全なら、いくら必死になって売り込もうとしても望んだ結果は得られない。

「ボディ・ランゲージ」は電話でも伝わる

ボディ・ランゲージは、強力なパワーを秘めたコミュニケーション手段だ。

前述したが、人間同士のコミュニケーションは言葉が9％、トナリティーが50％、ボディ・ランゲージが41％を占めていると言われている。

ボディ・ランゲージは単なる視覚的な表現手段ではない。誰かと電話で話している時でさえ、あなたの身振り手振りや身体の動きは、確実に声の調子に影響を与えている。そして、電話の相手はその声の調子の微細な変化に無意識的に気づいている。

だから、電話で話しているだけであっても、実はわれわれは**相手の声の調子やものの言い方、発言の内容などから、相手の姿を心にイメージして見ている**のである。

この心に描かれたイメージは、耳を傾けるべきだと思う人については好印象を強化し、反対にもう電話を切ってしまいたいと思う人については悪印象を強化してしまう。

電話で話す時でさえそうなのだから、実際に面と向かって誰かと会った時にはなおさらあなたのボディ・ランゲージは良かれ悪しかれ絶大な影響力を振るうことになる。

ボディ・ランゲージは絶対に過小評価してはならない。

ここでは、ボディ・ランゲージ戦略において知っておかなければならないいくつかの点を紹介しよう。

ボディ・ランゲージは、あなたが手を動かしたり、首を左右に振ったりする以前に始まっている。つまり、**あなた自身の「身なり」がすでに相手に影響を与えている**のだ。あなたがどんな身なりをしているかが、あなたの仕事にも私生活にも大きな影響を与えているということを知るべきである。

外見は、周囲の人々から見たあなたの印象を決定する要因であると同時に、あなた自身の気分を決定する要因でもあるのだ。だから、自分の外見は、あなたの仕事のパフォーマンスや結果にも実は影響を与えているのである。

身なりについて男女問わず最も重要なことは、自分に合ったスタイルを選ぶこと、清潔な格好を心がけること、自分にとって心地良い服装を身につけることである。

外見を整えることは、自分を「包装する」ということでもある。

ビジネスの上では、自分にとって大切な人に贈り物を贈るかのように、容姿を整えることをおすすめする。しわくちゃの包装紙を使うのではなく、高級な包装紙で自分をくるんでリボンで飾り付けるのだ。そのようなつもりで、ぜひ外見には気をつけてもらいたい。

成功したければ、成功者のような身なりをして、成功者のように振る舞うことだ。フリーターのような身なりは絶対にしないこと。その**身なりは、最終的にあなたの気分に対して否定的な影響を与える**だろう。

誰かと会話を始める際、一番初めに行なうボディ・ランゲージは何だろうか。

答えは「握手」である。握手の仕方というものは、実は顔の表情や声の調子と同じくらい、あなたの人格を如実に表すものなのだ。

あなたが攻撃的な人格か、それとも平和を愛する人格なのかどうか。

自分が打ち込んでいる仕事に対して熱意を抱いているのか、それとも飽き飽きしているのか。

自分自身に確固たる自信を持っているのか、それとも自信が持てずに圧倒されているのか。

ひとたび握手をしただけで、こういったあなたの情報が一瞬のうちに相手の無意識に伝わってしまうことがあると自覚しなければならない。

握手によって、**自分の弱さを相手に気取られることもあれば、逆に相手を安心させたりもする**のだ。

ボディ・ランゲージの「具体的なテクニック」

ボディ・ランゲージは、非言語的なコミュニケーションであり、ひと言も言葉を発することなくあなたの感情、意図、思考を相手に伝達してしまう力を持っている。

そのボディ・ランゲージを用いて、あなたは見込み客に対して「自分はこの仕事の専門家だ」というイメージを与えられるようになる必要がある。意識的にそういったイメージを周囲に投影できるようにならなければならないのだ。

ここでは、ボディ・ランゲージの具体的なテクニックをいくつか紹介しよう。

❶「マッチング」「ミラーリング」

このテクニックでは、コミュニケーションを構成する3つの要素である「言葉」「トナリティー」「ボディ・ランゲージ」のすべてを使用する。これらを通して、あなたは他人と確固たるラポール（信頼関係）を築き上げることができるようになる。

マッチングとは、ラポールを深めるために、意図的に相手の行動の一部を真似《まね》ることを意味する。マッチングの中には、ミラーリングといって、鏡に映っているかのように相手の行動の一部を真似るといった手法がある。

このような手法を用いることで、**あなたは彼らの世界に入り込んで、相手の視点をより深く理解することができるようになる。**そして、相手の気持ちに共感し、彼らの立場を思いやることができるようになる。

その結果として、あなたが抱いた共感は相手にも伝わることとなり、あなたと相手との間には無意識のうちに関係性を強めるような強烈なラポールが形成されるようになるのだ。

しかし、気をつけなければならないことがある。それは、**相手と同時に行動しない**ということ。それではあまりにも露骨すぎるからだ。

ともすれば、相手はこちらがマッチングの技術を用いていることを瞬時に気づいて、馬鹿にされていると感じるかもしれない。だから、マッチングやミラーリングを行なう際は、慎重に、さりげなく、間を置いて行なうようにすることだ。

相手がコーヒーをすすったり、髪をかきあげたりなどの行動を取った時、数秒の間隔を取ったのちに相手の行動をマッチングするようにする。

はっきりとした行動でなくても、腕や足を組んだり、手を腰に置いたりなど、姿勢をマッチングするだけでも十分な効果が得られる。

マッチングやミラーリングの目的は、相手を誘導するために、相手の世界に入り込むことにある。マッチングやミラーリングの度合いは、クロージングをゴールに設定し、そのゴールに合わせて強めたり弱めたり調節するのが望ましい。

いつも同じ調子でやっているよりは、緩急をつけるわけだ。電話で相手と話している時は、口調や言葉遣いによってマッチングを行なうようにする。

これらの技術を使いこなして、あくまでも誠実に倫理的な行動を取るなら、自分自身にも顧客にとってもポジティブな感情や反応を生み出すことができるようになる。

❷「ペーシング」「リーディング」

ペーシングとリーディングも、相手とのラポールを確立するために用いられる心理的な技術である。

「ペーシング」とは、もともと「相手とペースを合わせる」という意味であり、相手の話に歩調を合わせる技術だ。

相手の価値観を何となくでもつかめたら、相手が違和感なく受け入れられることだけを伝えるようにし、相手の話によく耳を傾け、同意するようにする。

相手を理解し、相手と親しげに併走するように話を続けるのだ。

そうしていると、だんだんあなたと相手との間には、強固なラポールが築かれるようになっていく。

相手は、「この人の言っていることはよく理解できるし、この人も私のことを理解してくれている。この人のことはどうやら信頼してもよさそうだ」と思ってくれるようになる。

しかし、ペーシングを行なっているだけでは、クロージングはできない。

そこで、あなたと相手との関係に、「変化」を引き起こすための働きかけが必要になる。それが、「リーディング」だ。

リーディングとは、**相手をそれまでの世界（旧来の価値観）から、新しい世界（新しい価値観）へと導いていくこと**だ。

ペーシングで徹底的に相手の考えに気持ちを通わせ、歩調を合わせておき、信頼関係を築くことができたら、だんだんと自分のペースに持ち込んでいくのだ。

ここで気をつけなければならないのは、ペーシングとリーディングは常にセットで用いなければならないということである。ペーシングを行なわないでいきなりリーディングをしようとすれば、相手は間違いなく反発する。なぜなら、それは単に自分の考えを相手に押しつけようとしているだけだからだ。

一方、リーディングのないペーシングは、単に相手に同意しているだけで、自分にとっても相手にとっても時間の浪費でしかなく、最悪の場合、相手は何の解決策も新しい変化ももたらしてくれないあなたに失望してしまう。

だから、**ペーシングとリーディングは常にセットで行なわなければならない**。

ペーシングとリーディングは、直接的にボディ・ランゲージとは関係のない技術だが、こうした視点からあなたのボディ・ランゲージを再構成すれば、あなたの無意識的な身体表現による効果は格段に高まる。

第6章

ストレートライン・システム「見込み客の発掘」と「生涯にわたる顧客づくり」

ふるいにかけて「見込み客」を探し出せ！

セールスパーソンとして大成したければ、セールスをかける前に**見込み客を厳選する作業を怠らない**ことが不可欠だ。見込み客とは、あなたの商品を買うことができ、なおかつ買う確率が高く、現時点では態度を決めかねている人々のことだ。

ストレートライン・システムは、彼らに「イエス」を言わせるための技術体系であって、あなたの商品を買う資金力を持たない人々や、その商品を必要としていない人々を説得するためのものではないのである。

1930年代に山中の小川で砂金を採取していた人々のことを思い浮かべてみてほしい。

彼らは鍋を持って小川のほとりに腰を下ろし、ちっぽけな砂金1つを求めて大量の水をふるいで濾《こ》していた。

しかし、彼らは何ガロンもの「水」が「金」に変わると期待して濾していたわけではない。あくまでも、金は水や砂の中に隠れているものであって、そもそも埋まっている場所を正確に知ることができるなら、何ガロンもの水を濾す必要などないのだ。

明らかに見込みのない人々に対してもセールスをかけるということは、水を金に変えようとする愚かな試みであり、時間の浪費でしかない。

あなたは、見込み客という金がどこに埋まっているのかをセールスの早い段階、もしくは事前にできる限り特定しておかなければならない。

そして、金が埋まっている場所がわかったなら、そこをピンポイントで攻めていけばいい。

「水」を「金」に変えようとするような愚かなことはせず、**「金」のある場所を事前に特定し、最小限の力で掘り出そう。**

活動は「じょうご型」で捉える

見込み客を的確に特定し、実際にプレゼンをするべき相手は誰なのかを判断する上で、まずおすすめしたいのが、「じょうご型セールス」という手法だ。

効率的に目標を達成するためには、まず、自分のゴールが何なのか、そしてそこに到達するためには何が必要なのかを明確に知る必要がある。

じょうご型セールスは、あなたが求めている結果を得るために必要な、さまざまな行動をいくつかにまとめて分類したビジュアル・コンセプトだ。

大切なのは、自分自身のゴールを達成するのに必要な具体的な数値目標を設定して、そこから逆算していくことである。

じょうご型セールスが一体どのようなものかを理解してもらうために例を挙げよう。

あなたが週に１２０本のセールスの電話をかけたとする。そのうち、実際に話すことができたのはわずか40人だけだとする。その40人のうち、アポイントメントを取ることができたのはたった8件だけで、彼らとは直接会うか、電話で契約を取るか、後でかけ直すかすることになったとする。基本的に、８件のアポのうち、２件はキャンセルになるか、すっぽかされることになると考えた方がいい。

だから、１２０本もの電話をかけても、実際に会って腰を落ち着けてじっくり話し、相手を説得して契約を取ろうとするところまでこぎ着けられるのは6件でしかない。

そのうち、実際に契約を成立させられるのは3分の1程度かもしれない。つまり、クロージングできるのは週に2件ということだ。1件あたりの手数料が2000ドルだとすれば、あなたが週に稼げるのは4000ドルで、1年あたりに換算すると20万ドルということになる。

ほとんどのセールスは、このように間口は広いが出口は狭いという「じょうご型」の構造を持っている。だから、出口の部分、つまり**「数値目標」を設定して、そこから逆算することで、日々のノルマを求める**ことになる。

自分の営業活動全体をじょうご型構造で捉えることで、最終的に到達したい数値目標が明確になったら、次は顧客を特定するための具体的な手法について学ぼう。

「買い手の4つのタイプ」と「顧客を特定する3つの鍵」

あなたが到達したい数値目標が明確になったら、ようやく買い手となりそうな人々にコンタクトを取る準備が整ったことになる。逆に言えば、数値目標を明確にしないでセールスに取りかかるのはやめた方がいいということだ。

さて、セールスをかけるべき見込み客は、4種類に分類することができる。あなたが出かけていって見込み客を探る際に接する人々は、いずれも以下の4つのタイプに分けられる。

- **「待ってました」と言わんばかりの客**
- **「まだ他も見てみたい」という状態の客**
- **「興味がある」状態の客**
- **「渋々話だけは聞いてやろう」という見込みが薄い客**

あなたが商談を持ちかけている相手が、これらのうちどの型に当てはまるかを素早く特定するためには、あなたの取り扱っている商品やサービスと買い手との間にある関係に目を向けて分析すればいい。

自分の目の前に座っている相手が、この4つのタイプのどれに当てはまるのかを知るために重要なのは、相手の要望や何を考えているかについて、一切の先入観を排除することだ。

あなたは、あくまでも自分の思い込みではなく、実際に目の前にいる人の「心の声」に耳を傾けなければならないのだ。そうすれば、おのずとその相手がどういうタイプなのかがはっきりと見えるようになる。

それでは、相手の心の声を聞き取るために踏まえておかなければならない３つの視点を紹介しよう。

❶　相手のニーズを知る

相手が見込み客かどうかを知るためには、当然ながら相手のニーズを知る必要がある。当然のことだと思うかもしれないが、多くのセールスパーソンたちが「取引を成立させたい」という自分のニーズにばかり目を向けてしまっているのだ。

自分のニーズにばかりかまけていると、相手が買い手としてどういう状態にあるのかが見えなくなってしまう。

「相手のニーズに目を向ける」ことは絶対に守らなければならない。

そして、あなたが売り込もうとしている商品のジャンルに特有の問題点を踏まえ、に心がけよう。

相手にとっての長期的な利益は何なのかということを念頭に置いてニーズを探るよう

❷ 情報を収集する

実地のセールスで見込み客を特定する作業は、主に相手に質問を投げかけることになる。特定するための質問をする際に気をつけるべき点は、「正当性のある質問をする」ことだ。

つまり、相手にとって納得のいく正当な理由を示してから質問をするということだ。相手が「なぜ、今、そんなことを聞かれなければならないのか？」と不愉快になるような質問攻めをすることは避けなければならない。

見込み客の特定作業は、素早く、エレガントに、親しげに行なうべきなのだ。

たとえば、正当性のある質問とは、

「お客様のお時間を無駄にしないよう、いくつか簡単な質問をさせてください」

「お客様のお求めになっているものを知るために、いくつかお尋ねしてもよろしいでしょうか？」

……などのように前置きをして行なう。

正当な理由を示しさえすれば、それがどういった弁解であろうと、人々はそれに応じるという調査結果もある。**人間が不愉快になるのは、「なぜそうするのか」という真意を明かされていない時**だ。

だから、見込み客を特定するための質問を投げかける際には、必ずその理由を言うようにしよう。いかなる状況でも真意を隠そうとする不誠実な態度は、見込み客の機嫌を損ね、クロージングからあなたを遠ざけてしまうのだ。

❸　痛みの増幅

相手がどういう状態にいるのかを知るためには、「ニーズ」だけでなく、その人の「痛み」を知る必要がある。

痛みとは、**自分のいる状況にどれだけ苦痛（不便、不都合など）を感じているか、否定的な影響を感じているか**、ということだ。

あなたは、彼らの痛みの種類と度合いをリサーチしなければならない。痛みについて調べていく過程で、その人が、こちらが売り込もうとしている商品を買う経済的余裕がないということがわかる場合がある。

その場合は、特定作業はそこでひとまず完了したことになる。その人は現在のあなたがセールスするべき人ではなかったということだ。

また、相手の痛みを知る過程で、相手を気遣い、相手の置かれている状況に敏感になっているということが伝わるような声の調子を使うようにした方がいい。そうすることで、相手があなたに心を開き、自分が何に対してどれほどの痛みを感じているのかを明確に述べてくれるようになる。

その痛みをあなたが売り込もうとしている商品が解決してくれるのなら、さりげなく相手の痛みが増幅するような方向に話を持って行くべきだ。

しかし、それはあくまでもさりげなく、自然な形で行なわなければならない。どうしても不自然でぎこちない「誘導」になってしまいそうなら、しない方がマシだ。

とにかく、正当な理由がある質問を投げかけ、相手の「買い手としての状態」を分析するプロセスにおいては、次の点に留意することを忘れてはならない。

・相手が答えたら、それを頭の中に刻み込む

・相手の答えに対してさらに質問をし、その論理的方向性を突き詰めていく
・相手が痛みを感じるポイントを探り、必要とあらばそれを増幅する（ただし、相手の気持ちを重んじた道徳的なやり方で）
・相手の痛みを早まって解決しようとしない

見込み客をあぶり出す「質問技法」

見込み客を特定するための質問方法について、さらに掘り下げていこう。効率的に見込み客を特定するためには、無駄な質問はしない方がいい。

特定のための質問は、**必ず「全体的な質問」から始めて「詳細な質問」へと移行することを心がける**べきである。詳細で些末《さまつ》な質問から入ってしまうと、どうしても話が長くなるし、相手のニーズと痛みがどこに存在するのかがわかりにくいからだ。

また、それぞれの質問には、それに適したトナリティー（声の調子）というものがある。たとえば、「この商品の購入についてはいつ頃からお考えでしたか」と聞くと

したら、相手への思いやりが伝わるよう、あなたについてとても関心があるといった話し方を心がけるようにする。

それが、ちゃんと相手に伝われば、あなたは相手が重要とする価値観に働きかけていることになり、相手もあなたの心からの思いやりに応じようとしてくれる。

また、慎重に取り扱うべき話題や、立ち入った質問は、当然ながら「申し訳ありません」という声の調子が必要になる。こちらが共感を示せば、相手もあなたに心を開きやすくなるだろう。

慎重に取り扱うべき話題、立ち入った質問が何かというと、たとえば住宅ローンの借り換え、株式の売買、相手の年収、資産総額、住宅ローンの残額などを尋ねる時などがそうだ。

こういった質問をする際には、特にトナリティーには気をつけなければならない。その人が置かれている状況への気遣いがはっきりと相手に伝わるようなトナリティーを見つけてほしい。質問している時は、いつもこのことを念頭に置くことだ。

質問の内容が正しくても、声の調子を間違えるだけで、意図していなかった悪印象を与えてしまう可能性があるからだ。

見込み客の特定作業をする上での準備段階では、あなたは相手に対して投げかけるべき「全体的な質問」を少なくとも3つは用意して、それぞれの適切な声の調子を考えておくことをおすすめする。

そして、その質問と声の調子が、きわめて自然に口をついて出てくるようになるまで（あなたの「第二の天性」になるまで）、ひたすら練習をすることである。

ひと通りの質問を終えて、目の前にいる人物があなたにとっての有力な「見込み客」であることが判明したら、アポイントメントを取るなど、あなたが求めている結果を得るための行動に取りかかろう。

「今お伺いしたお話からすると、これなどはお客様にぴったりではないでしょうか」などのフレーズを口にして、スムーズにセールスへ移行しよう。

こういう重要なフレーズは奇をてらって変則的なことはせず、そのまま使うことを心がけよう。

「生涯にわたる顧客」をつくれ

これまでストレートライン・システムの概要を私の体験を交えながら説明してきたが、いよいよそのシステムの真髄を具体的なメソッドを通して紹介する。ここからが本当に重要なところだ。

私が提唱するストレートライン・システムをマスターすれば、あなたはこれまでよりもずっと契約を成立させやすくなることは間違いない。

セールスパーソンたるもの、見込みのありそうな人々をふるいにかけ、その選《え》りすぐった人々をターゲットにして売り込むことを戦略の基礎に置かなければならない。

そして、あらゆる能力を駆使して彼らの関心を捉え、相手の前に立って堂々たるプレゼンをして、「イエス」と言わせるのだ。

実際、新規顧客獲得のためのコストは、ほとんどの企業において最も高くつく費用の1つだと考えられている。

一方で、あなたの財布をこれでもかというほどに肥やし、同時にビジネスにおけるストレスを極限まで減らすためには、これまでに知り合った顧客全員をがっちりとキープして、**彼らを上得意に育てていく必要**がある。

最も少ない努力で長期間にわたって利益を上げ続け、さらに増加させていくには、**「生涯にわたる顧客をつくりだすこと」**が必要不可欠だからだ。

すでに今の時点であなたが上げている売り上げを維持することや、あるいはそれをさらに伸ばすための努力を怠った場合、あなたがストレートライン・システムに精通しているかどうかとは関係なく、結果的に2倍、3倍の苦労を強いられることになる。

ここではまず、生涯にわたる顧客をつくり出すために必要な準備作業について説明しよう。顧客との長期的関係を結ぶにあたっての土台をつくる作業ということだ。

ある程度セールスのスキルがあり、セールスの何たるかをわきまえている人間なら、「初回」の販売を上手くやってのけるくらいのことはできる。

特に、これまで私が説明してきたストレートライン・システムの「5つのシグナル」をわきまえている人間なら、販売の成立など容易だろう。

問題は、その後も継続して顧客にものを買ってもらえるかどうかである。

察しのいい人はもうお気づきだろうが、生涯にわたる顧客を獲得する土台づくりにとっては、**初回の販売が終わった「後」が重要なタイミング**となる。

顧客との長期的関係を築くために、あなたが絶対に留意しておかなければならないことは以下の2つだ。

①顧客との長期的な関係を成立させるのは「誠実さ」であること

②初回販売後、顧客が「正しい決断をした」という確信を持てるように全力を注ぐこと

①の「顧客との長期的な関係を成立させるのは『誠実さ』であること」は売り手と買い手だろうと、夫と妻だろうと、誰かと誰かが長期的な関係を築こうとする時、その土台には「誠実さ」が必要になる。

誰もが、自分を騙《だま》そうとする人間、自分から搾取しようとする人間、自分に危害を与えようとする人間とは長期的な関係など築きたいと思わないからだ。

誰かが誰かと末永く関係を続けるということは、そこにはある種の「快適さ」が必要不可欠となる。そして、快適な人間関係をもたらすのは、「誠実さ」なのだ。

誤解しないでほしいのは、「誠実たれ」という言葉は、「お人好しになれ」という意味ではないということだ。あなたは**セールスにおいてお人好しになる必要は一切ない**。ただ、あなたが相手に対して親身な関心を寄せ、相手の利益とこちらの利益とを矛盾なく両立させる「Win-Win」の関係を真剣に模索しさえすればいいのだ。

それこそが、セールスパーソンとしてのまぎれもない「誠意」であり、真剣にそう模索していれば、その思いはきちんと相手に伝わるものだ。

②の「初回販売後、顧客が『正しい決断をした』という確信を持てるように全力を傾注すること」も重要である。

世の中には、「売ったら売りっぱなし」のセールスパーソンが余りにも多い。彼らは、目の前の人間に、あるものを売りつけることだけをゴールに設定していて、生涯にわたる顧客をつくり出すということに焦点を当てていない。

生涯にわたる顧客をつくりたければ、初回の販売が成功したら、その買い手の決断が正しかったのだということを徹底的に納得してもらう必要がある。

そのためには、顧客を大喜びさせなければならない。**あなたの決断は正しかったし、その商品も素晴らしいものだということをさりげなく伝える**のだ。

そして、そういった地道なフォローを続けていけば、いつしか顧客の心の中で「顧客の成功体験」と「あなた自身の存在」が、ほとんどイコールの関係になる。

顧客があなたを一目見るやいなや、これまでの自分が下してきた「正しかった決断」を思い出し、自然と笑顔になるようにできれば、その顧客とは間違いなく一生ものの関係を築いていけるだろう。

この2つのことを、しっかりと意識して、常に実行するよう心がけるなら、生涯にわたる顧客をつくり出すための「土台」があなたの中にでき上がったことになる。

生涯にわたる顧客をつくる「6つの戦略」

「顧客に対して誠実であること」「販売後のフォローを忘れないこと」。

これら2つの生涯にわたる顧客をつくり出すための土台ができ上がったなら、次は

生涯にわたる顧客をつくるための具体的な戦略について知る必要がある。

ここに挙げる「6つの戦略」をマスターし、たゆまず実行するなら、あなたは多くの顧客たちと長期的な関係を永続させ、今ある利益を何倍にも増やすことができるようになるはずだ。

❶ 必ず電話に出る

何を当たり前のことを、と思うかもしれないが、これができていない人は意外に多い。たった一度の電話を無視したり、出損ねたりしただけで、あなたとその顧客との関係が終わってしまうこともあるということを忘れてはいけない。

「一度電話に出なかっただけで関係を切ってしまうような顧客など、こっちから願い下げだ」などと思ってはいけない。

もし、その相手が全米で1%しかいない超富裕層だとしたら、重要な顧客を失うことになるからだ。

顧客からの電話には、いつ何時も出られるように心がけておこう。もし、取引をめぐる状況が悪化したとしても、居留守だけは絶対に使ってはいけない。

多くの顧客は「悪い知らせ」を受け止めるだけの耐性を持っている。だから、**状況が悪化しているならそのことを正直に打ち明けるべき**だ。

しかし、多くの顧客は「不誠実な売り手」への耐性は持っていない。

彼らは、居留守の常習犯で、連絡したい時に連絡が取れなくなるような人物を絶対に容認しない。そんな人間とかかわるぐらいなら、彼らは断然「誠実な売り手から正直に悪い知らせを聞く」方を好むことを頭に叩き込んでおくことだ。

居留守を使って連絡を避けるような不誠実さを見せれば、あなたのみならず、会社のイメージにも傷を付けることになるのでくれぐれも注意してほしい。

❷ 顧客にライバル会社を紹介する

自分が売り手として信用できる「誠実な人間」だということを印象づけるためのテクニックとして、敵に塩を送るという方法がある。

ビジネスをやっていると、どうしてもあなた自身が顧客の要望に直接応えることができないという状況が出てくる。誰だって完璧ではないからよくあるのだ。

しかし、その際に「目先の利益」を必死で守ろうとするあまりに、その顧客の問題を解決できる第三者を紹介しないという選択肢を持ってはいけない。

そういう時の最も正しい判断は、思い切って顧客に「ライバル会社」を紹介してしまうことだ。

自分自身が顧客の要望に応えられないなら、敵を紹介してしまえばいい。「目先の利益」などは捨ててしまおう。あなたが欲しいのは、「生涯にわたる顧客」のはずだ。

それなら、何としても「生涯にわたる敬意」を顧客に抱かせる必要がある。

「目先の利益」よりも、「生涯にわたる敬意」を優先するのだ。

そのためには、利益のことは度外視して、その顧客が望んでいることに焦点を当てる。顧客のためになることなら、目先の利益を捨てることも厭《いと》わないという誠実さを見せるのだ。

そうすれば顧客はあなたの誠実さに胸を打たれ、とてつもない善意と、強固な相互依存関係を生み出すことになる。あなたはいざという時に、自分の都合を投げ打って顧客を救ってくれる人物として見てもらえるようになるのだ。

どんな顧客も、信頼の置ける人物と長期的な関係を築きたいと思っているのだ。

❸ 印象的な感謝状を書く

自己啓発の大家デール・カーネギーは、人間は誰でも「重要感を満たしたいという欲求」を持っていると言う。重要感とは、自分は重要なのだ、この世界に必要とされているのだという実感のことで、どんな人間でも必ず心に秘めているものだ。

一見無欲そうに見える人でも、自分の存在価値を確認するために人から褒めてもらいたがっているし、温厚そうな人でも重要感がまったく感じられない状況にいると、苛立って周囲に当たり散らしたりもする。

ひょっとすると、重要感を満たしたいという欲求は、三大欲求と呼ばれる食欲・睡眠欲・性欲と同じくらい強い欲求なのかもしれない。

顧客との永続的な関係を築くためには、当然、顧客の重要感を満たしてあげる必要がある。そのための最もシンプルな方法は、「感謝を伝える」ということだ。

感謝の言葉には、「あなたは重要だ」ということを瞬時に伝える力がある。ただし、誠意のこもっていない感謝の言葉ほど無意味なものはない。

感謝状を書いたり、感謝の言葉を伝える時には、親しみを込め、何に感謝しているのかを具体的に書くように心がけよう。相手の感情に火を付けるような、糸口となるような言葉や情景に言及して、何が良かったのか、自分がどんなに助かったかを相手に伝えるのだ。

たとえば、「○○様との関係は、私にとってかけがえのない貴重な財産となりました」「○○様の○○なところが大好きです」「○○様にあこがれています」など、嘘偽りのない肯定的な感謝の言葉を伝えるようにするのだ。

相手の重要感を満たすために感謝の言葉を述べることはさして難しいことではない。なぜなら、すべての顧客はあなたにとってまぎれもなく重要な存在だからだ。

❹ ギフトを正しく使う

相手に「あなたは重要だ」ということを伝えるための手段は他にもある。

ギフトを贈ることだ。

ギフトを選ぶ際は、なるべく相手にとって価値のあるものを選ぶようにしよう。正しいギフトを選ぶためには、日頃から鵜《う》の目鷹《たか》の目で相手の情報を収集しておく必要がある。

仕事以外のことで、相手が大喜びするようなものは何なのかを探り出して、相手のニーズを満たしてあげよう。

顧客が大の釣り愛好家なら、どういう種類の釣りが好きなのか、どのくらいの頻度で釣りに行くのか、どういう道具をすでに持っているのかということまで探り出しておく必要がある。その上で、相手が喜びそうなギフトを選んで贈るのだ。

そして、ギフトは1回限りではなく、何度も贈るようにしよう。**ギフトを贈られるたびに、相手はあなたのことと、あなたが自分を重要な存在だと考えてくれていると思い出す**からだ。

ここで大切なのは、相手に対して嘘偽りない関心を向けることである。さして興味があるわけではないけれど、仕事のために必要だから……と相手の話を気もそぞろに聞いていると、たいていの場合、それは相手に勘づかれる。

相手を真に重要な人物なのだと思って誠実な関心を寄せ、本気で相手のことを知ろうとすることが必要である。

あなたが相手のことを重要な存在だと尊重していれば、相手もまたそれに応じてあなたを重要な人物だと思ってくれるようになるのだ。

❺ 常に「売り口上以上のもの」を提供する

優秀なビジネスパーソンは、常に良い意味で相手の期待を裏切るものだ。良い意味での裏切りというのは、つまり顧客の「期待度をコントロールする」ということである。

何かの約束をする際には少なめに伝え、実際にあげる時には多めにあげるのだ。「少なめに伝え、多めにあげる」。この法則を用いて、相手の期待度を上手い具合にコントロールできれば、相手はあなたとの取引をいつも大喜びしてくれるようになる。それとは逆に、「多めに伝え、少なめにあげる」方法を使うと、あなたには悲惨な結果が待っている。

その取引が不成立になるだけならいいが、下手をすると、あなたの悪評を言いふらされるかもしれない。だから、顧客の期待を悪い意味で裏切ってはいけない。

顧客にセールスをする際には、「売り口上」と「相手にあげるもの」との関係性を常に念頭に置いて言葉を選ぶことだ。

また、「少なめに伝え、多めにあげる」ためには、他の誰にも提供できない「おまけ」をいくつか提供することもおすすめだ。

❻ 常にクライアントの立場をより良くする

永続的な生涯にわたる顧客を獲得するためには、「誠実さ」が必要不可欠だ。ということは、常に「相手の利益」を優先する必要がある。相手の利益を優先することで、自分の側の利益をも確保するのだ。

あなたが**ものを売る時は、常に「顧客にとってプラスになる時」だけにすること**。顧客にとってはマイナスだが、自分にとってはプラスになるという不誠実な取引は、たった1回でも永続的な関係をぶち壊しにしてしまう可能性がある。

相手が必要としていないものを買うように迫ることだけは、やめなければならない。あなたは、目先の「お金」ではなく、見込み客リストに載っている顧客たちとの「人間関係」を重視しなければならない。

そうすることが、結果的にあなたに「報酬」をもたらしてくれるのだから。

つまり、**お金を稼ぐために、逆説的にお金のことを忘れろ**ということである。顧客を「生涯にわたる顧客」へと変容させるということは、つまり、彼らをあなたというビジネスパーソンの「熱狂的なファン」に変えることを意味する。

彼らを熱狂させるのは、「誠実さ」であり、誠実さに裏付けられた「情報収集」と「フォローアップ」が必要不可欠だということだ。あなたには、ここで紹介した具体的な6つの戦略を、是非とも使いこなせるようになってほしい。

これらの戦略を日常的に使うに当たっては、顧客とどのようなコミュニケーションを取ったのか、どのようにフォローアップしたのかについて詳細に記録しておき、将来のための資料として保存しておいた方がいい。特に記録しておくべきことは、次の項目だ。

①顧客の名前
②電話の内容（通話した年月日も）
③顧客のニーズ
④交わした約束事
⑤紹介したライバル会社とその理由

既存顧客からの紹介で「新規顧客を獲得」する

先にも述べたが、どんな分野のビジネスであれ、新規顧客の獲得には、大変なコストと労力を要する。したがって、新規顧客を開拓するよりも、今ある顧客との関係を「生涯にわたる永続的なもの」に変える方が、戦略としてはよほど見込みがある。

しかし、これまで説明してきたさまざまな戦略を用いて、あなたが「生涯にわたる顧客」を実際につくり出し、彼らと永続的な関係を築けるようになると、素晴らしい現象が起こるようになる。

彼ら**「生涯にわたる顧客」が、あなたに新規顧客を紹介してくれるようになる**のだ。

ここからは、あなたが不断の努力と誠意によってつくり出した生涯にわたる顧客から、どのように新規顧客を紹介してもらうべきか、その具体的な方法について紹介しよう。

❶ 新規顧客を紹介してもらえるかを尋ねるタイミング

何事にも焦りは禁物だ。特に、せっかく信頼関係を築いた相手に対してこちらから何かを望む時には、絶対に焦ってはいけない。

「いつ新しい顧客を紹介してもらえますか？」という質問は、誰だってすぐにでもぶつけたいものだ。しかし、目先の欲が先に立つあまり、聞くタイミングを間違えてしまっては元も子もない。せっかく築き上げた信頼関係がそのひと言で瓦解《がかい》してしまうかもしれないのだ。

こういうデリケートなことを尋ねるタイミングは、実はかなり限られている。最悪のタイミングは、顧客との商談をまとめようとしている時だ。そういう場合は、絶対に自分の利益を優先してはいけない。かといって、待ちすぎてもいけない。タイミングを計りすぎていると、チャンスを逃してしまうこともあるからだ。

新規顧客について尋ねる絶妙なタイミングは、**顧客があなたとの取引を終えて、その製品やサービスの成果が出た頃**である。

「どんな様子か」を聞くために電話し、顧客から売った商品についての話を聞いて、相手が商品に満足しているようなら、その時さりげなく「新規顧客を紹介してもらえる可能性」に話を切り替えるのだ。

❷ 見込み客の条件を伝える

その際には、あなたがどのような新規顧客を探しているのかをはっきり伝える必要がある。「誰でもいいから紹介してください」などという愚かな要求はしてはいけない。セールスをしっかり成立させるためには、確実に自分の商品に興味を示し、買ってくれそうな人を厳選しなければならないのだ。

見込み客の条件を伝えることは、あなたにとってメリットがあるだけでなく、顧客にとっても有益だ。

顧客だって、あなたの商品をとても買ってくれそうにない人を紹介して気まずい思いをしたくはないし、時間を浪費したくないのだ。

見込み客の条件は、あらかじめリストにしておいて、相手にスラスラ伝えられるようにしておこう。

❸ あらかじめあなたのことを紹介しておいてもらう

新規顧客を紹介してもらうことが決まったら、あなたの顧客から、あらかじめその新規顧客に話をしておいてもらった方がいい。あなたがどういう人物で、どういう商品を取り扱っていて、何という会社に所属していて、どれだけ信頼でき、どれほど優秀なセールスパーソンなのかということを、前もって伝えておいてもらうということだ。

そう伝えてもらっていれば、**新規顧客との関係を初めから対等な関係に持っていくことができる。**顧客から新規顧客の電話番号とメールアドレスだけをもらって、自分からコンタクトを取る場合よりも、遥かに話が通じやすくなる。

せっかく既存の顧客から新規顧客を紹介してもらうなら、顧客の力を借りた方がいい。

電話番号やメールアドレスだけを教わるくらいなら、それはほとんど自力で新規顧客を開拓しているのと変わらないし、成約率も低くなる。

❹ 紹介してくれた顧客にお返しする

あなたの会社に、新規顧客を紹介してくれた顧客に対してお返しをするための仕組みが存在しているなら、それを利用しよう。また、そういった仕組みがないなら上司を説得して、採用するよう働きかけるべきだ。

ただし、道義にかなっている範囲のプログラムにすることだ。やりすぎは良くない。そうした仕組みをどうしても利用できない状況にいるなら、新規顧客を紹介してくれた相手に対して、心を込めて感謝状を書かなければならない。

第7章

ストレートライン・システム「台本」

「セールスの台本」は必ず書く

最も軽視されがちだが、セールスにおいて台本を書くことは非常に重要である。これはセールスの核であり、あなたの成果を保証してくれるものだからだ。

しかし、99％のセールスパーソンが使っていないのが実情だ。多くの人が、台本を書くことについて否定的な意見を持っている。しかし、その台本が適切に使われさえすれば、あなたはとんでもない力を発揮することができる。

台本は、完璧なセールスを行なうためのエッセンスなのだ。

あなたの台本は、完璧なストレートライン・システムのプレゼンを行なうために、最良の文章で構成され、きっちり正しい順番で使われなければならない。そうすることで、次のことが可能になる。

①瞬時にラポールを形成する

②セールスのコントロールを維持する

③相手の反論に対処し、あなたが自分の話していることをよくわきまえている人間だと相手に思わせる

そして、優れた台本はストレートラインの核となる「５つのシグナル」について扱っている。改めて記すが、５つのシグナルとは次の通りだ。

①見込み客があなたの商品を気に入っていること
②見込み客があなた自身に好意を抱いて、信頼していること
③見込み客があなたの会社に好意を抱いて、信頼していること
④見込み客の行動の境界線を下げること
⑤見込み客の痛みの境界線を上げること

感情を揺さぶる「台本」を書け

細部に至るまで十分に練られた台本は、あなたのセールスのプロセスから一切のリスクを取り除いてくれるほどのパワーがある。

素晴らしい台本は、人々をロジックで説き伏せるのではなく、**感情面を突き動かすもの**だ。

そのセールスが、面と向かってのものであるか電話によるものであるかなどは問わない。

ストレートライン・システムに則《のっと》った台本を効果的に用いることができれば、あなたの顧客獲得率は劇的に変化することは間違いない。

しかし、完璧な台本をつくり上げることは、どうしても莫大な時間と膨大な労力を要してしまう。なぜなら、そのためには、市場、買い手、自らが売り込もうとしている製品についてかなり深く理解することに時間を費やさなければならないからである。

台本が重要である理由は、大きく分けて４つある。

まず、効果的な台本は、**あなたが所属する会社のセールスと、セールスのプロセス自体をコントロールすることに役立つ**からだ。

台本は個人としての売り手をストレートライン・システムの境界内から逸脱しないようにしてくれる。また、セールスを統括する部署のリーダーにとっては、組織全体の営業力・販売力を体系化することに役立つ。

なぜなら、営業手法にあらかじめ練られた台本を導入することで、その企業の営業形態に一定の均一性がもたらされるからだ。

つまり、個々のセールスパーソンたちがある程度まで同じ営業手法を共有できるような下地をつくっておけば、その企業がビジネスを拡大しようとする際、かなりのコスト低減が見込めるようになるのだ。

次に、台本は、**倫理面あるいは社員への規制の上でも重要**である。何の台本も持っていない個々のセールスパーソンは、いともたやすくストレートライン・システムから脱線して、顧客相手に愚かなことや真実ではないことまで口走ってしまう傾向がある。こういった人々は、決して意図的に嘘をつこうとしているわけではなく、単に台本がないと会話を続けることができないために無意識のうちにつくり話を始めてしまう。台本は、こういった類《たぐい》の人々をセールスパーソンとして成長させるのに大いに役立つ。

3つ目は、台本を用意しておけば、あなたの**セールスのプロセスが最初から最後まで予測可能なものになる**ことだ。

つまり、あなたはセールスのプロセスにおいて、事実上どのような状況であれ、自分が何を言えばいいのかをはっきりと自覚することになり、確信を持って発言することができるようになる。

しかし、台本をつくる際に気をつけてほしいのは、相手の反応を織り込まない一方通行的な説明文だけをつくってはいけないということだ。

見込み客が抱くかもしれない疑問、不信感などをあらかじめすべて想定しておき、それらに対処するための台本を書くべきである。常に相手のことを念頭に置いて台本を練らなければならない。

最後に、**台本は、ストレートライン・システムのキーとなる2つの力「トナリティ**

ー」と「ボディ・ランゲージ」の効力を最大化してくれる。

「人が何かを伝達する時は、あなたが言うこと（言葉）が９％で、残りの91％はあなたの言い方（トナリティーとボディ・ランゲージ）で決まる」と先に述べた。

あなたが台本を用意しておくということは、この９％の部分をセールス中に考えなくても良くなり、その分の労力をトナリティーとボディ・ランゲージに割くことができるようになるということだ。

そうなれば、あなたの説得力と影響力はさらに増すことになり、クロージングの確率も上がるのだ。台本をあらかじめ書いておくことには、実にこれだけのメリットがあるのだ。

ストレートライン・システムにおける「効果的な台本」とは？

それでは、具体的に、どのような点に留意して台本を練りあげ、現場で用いれば良いのだろうか。ここでは、主要な５つのコツを紹介したい。

❶ 定型的な台本を用いる

台本をつくる際には、セールスをする上で出くわしそうな、どんな文脈にも即座に、そして的確に対応できるものをつくるよう気をつけなければならない。奇をてらった台本は書くなということである。

あくまでもシンプルで、わかりやすく、オーソドックスなものをつくるように心がけよう。奇をてらった台本を好む人々もいるが、たいていの場合、彼らが期待している以上の結果は出せない。

❷ 自然で耳障りにならない言葉を用いる

台本は、まるで人が自然に話しているような文体で書く必要がある。いかにも事前に用意した文章だということがわかるように書いてはいけないし、読んでもいけない。

事前に書いたことを覚えてそのまま言っているだけだな、と思われると、多くの見込み客はあなたのことを軽蔑《けいべつ》するようになる。

「覚えたことをそのままやっている人間」のことを優秀だと思う人間がいるだろうか。

見込み客に絶大な影響力を振るいたいなら、そのような不自然なスピーチをすることは絶対に避けなければならない。

話しぶりの不自然さは、あなたの誠意やセールスパーソンとしての権威をも損ねるものだからだ。

❸ 最高の部分は最後に取っておく

見込み客の反論や異議に対処しつつ、繰り返し自分のスリーテンズ（３つの重要事項）を売り込む必要があることが事前に予想されている場合、セールスの上で最高の武器となる情報は最後まで取っておくべきだ。最も強力な情報を、一番最初にやすやすと受け渡してしまうのは愚の骨頂である。

最高の台本をつくり上げるためには、相手がどの程度セールスの内容に納得できずに足踏みするかを事前に想定しておかなければならない。

それを織り込んだ上で、要所要所にインパクトのある情報を配置して、最高の部分は「とどめ」に取っておくべきなのだ。

❹ 複数の台本を臨機応変に使い分ける

セールスにおいては、独立した1つだけの台本などはない。ストレートライン・システムに沿った複数の台本を用意しておき、それらを特定の目標に向かって臨機応変に使い分ける必要がある。

1つの台本では、セールスを進展させることができないとわかった時点で、すぐに別の台本に切り替えられるようにしなければならないし、「切り替え」を想定した内容の台本をつくっておかなければならない。

❺ すでに実績を上げた台本を用いる

あなたがこれまでに使ってきた台本の中で、実際に成果を出したものを使うべきだ。一度でも成果が上がったことがある台本を使う場合、初めから言葉以外の部分、トナリティーとボディ・ランゲージに全力を傾注できるので、あなたの総合的なセールス力が高まる。すでに成果を上げたことがある台本があるのであれば、あなたの財産として大切にしなければならない。

勝てる台本が持つ「3つの構成」

効果的な台本には、当然、こうあるべきという「構成」が存在する。

台本は、「イントロダクション」「本題」「締めくくり」の３つのパートによって構成されているのが理想だ。ここでは、その３つのパートのそれぞれをどう書けばいいのかをご紹介しよう。

●イントロダクション（導入部分）

台本へのイントロダクションは短くする。しかし、以下に挙げる４つの項目はできるだけカバーしておいてほしい。

①自己紹介
②アプローチした理由
③相手がこちらのオファーに興味があるかどうかを尋ねる

④セールスをしてもいいか尋ねる

台本のイントロダクションを書くためのコツは次の通りだ。

①セールスの序盤から熱意を示す
②常に定型的な言葉を使う
③自己紹介と会社紹介は手短に行なう
④別の言い回しで、社名を再び紹介する
⑤客の心に訴える言葉を選ぶ
⑥「ですから」「なぜなら」「それが理由で」などの接続詞を用いる
⑦時間を限定してセールスを行なう許可を求める
⑧相手の要望や痛みを的確に尋ねる

これらの条件を守ってイントロダクションを書いたら、最後に次のパートである「本題」への導入を持ってこよう。

たとえば、「今お聞きしたことからすると、この商品はまさにお客様にぴったりだと思います」というふうに自然に本題へ移行できるようなパターンをいくつか考えておくということだ。

●本題

イントロダクションが終われば、次は「本題」だ。本題は、ストレートライン・システムのセールスにおける核心部分である。このパートを書くには、次の秘訣《ひけつ》を守ることが必要だ。

まずは、**初めから製品のすべてのメリットを列挙しない**ことだ。最も強力な売り文句は最後まで取っておかなければならない。

そうしないと、セールスの序盤で言うべきことがなくなったり、同じことの繰り返しになって相手を退屈させてしまうからだ。

次に、**要点を簡潔にまとめる**こと。製品の特徴だけでなく、**必ずメリットを盛り込むこと**。しかし、その製品を他の製品と差別化する強力なメリットについては、３つくらいにまで絞っておこう。

３つ目に、セールストークが途切れないように、**流れるような文脈を意識して書くこと**。文と文のつなぎ目、接続部分がスムーズになるように心がけ、不自然さをなくさなければならない。

4つ目は、**文章はすべて口語、普段通りの言葉遣いで書く**こと。そして、いかにも事前に覚えた文章をそのまま言っています、という感じにはならないようにする。

5つ目は、**書いた台本は必ず練習しておく**こと。自分一人でもいいし、同じ部署の同僚に付き合ってもらってもいい。あなたの台本が、聞き取りやすく、理解しやすく、耳障りにならないように聞こえるかどうかを確認する。

6つ目に、**取引を成立させるという目的から逸脱しないように心がける**こと。愚かなことを口走ったり、無駄話で時間を浪費しないために台本をつくるのだから、これは当然である。

7つ目は、**自分の書いた台本が倫理的であるかどうかをチェックする**こと。相手を騙そうとする不誠実な意図が含まれていないか、嘘が含まれていないかどうかをチェックする。これは、ストレートライン・システムのセールスをする上ではきわめて重要な部分である。

この他にも、あなたがセールスにおいて見込み客にする質問は、なるべく相手が「イエス」と答えられるようなものにする方がいい。これは、「イエスセット話法」という心理的な技術で、「一貫性の法則」と呼ばれる法則を利用したものだ。

一貫性の法則とは、**人間は相手の話に何度も同意していると、容易に反論しにくくなる**という法則である。つまり、人間の心にも、ある種の慣性の法則が働くのである。だから、この法則を利用して、売り込みをかける相手が確実に同意する質問をいくつか台本に盛り込んでおくのが望ましい。

また、見込み客がはっきりと「ＮＯ」と言っているのなら、ストレートライン・システムをそれ以上進展させる見込みはないので、さっさと見切りをつけた方がいい（このことについては、１１８ページ以降の「ルーピングと不承知」の各節で詳しく説明している）。

また、見込み客がいわゆる「不承知」の状態に留まっているなら、決して性急に「締めくくり」の段階に進んではいけない。

その場合は、先に述べた「ルーピングと不承知」についての部分を振り返って、実行し、相手の不承知をきちんと処理すればいい。

相手が不承知の状態のまま締めくくりへと移行してしまうと、見込み客はあなたを「利己主義的」で「不誠実」なセールスパーソンだと見なすだろう。

● 締めくくり

本題が終わったら、次は締めくくりに移行する。

これはもちろん、ストレートライン・システムが正常に機能して、あなたが見込み客に対して注文を請う段階に来ている場合に限られる。注文を求める頻度は、2〜7回程度までの幅があるが、1回だけでは少なすぎる。相手に取引の成立、注文を請う局面では、台本と言葉の使い方を事前によく練習しておかないとヘマをするか、ぎこちなくなってしまう。

注文を請う時には、「トナリティー」も重要なファクターである。適切な声の調子を用いることができているかどうかが、セールスの成功を左右するといっても過言ではない。

誠実で、穏やかで、なおかつあなたの特徴がよく表れているトーンを使うように意識すること。台本がしっかり練り込まれていても、声の調子を間違えるだけでセールスに失敗することだってあるのだ。

締めくくりの台本は、次の点に留意して書くこと。

まず、見込み客があなたの商品を購入するのに多大な労力が必要だと感じないようにすること。つまり、**購入のプロセスがシンプルであることを強調する**のだ。

ただし、あなたの商品やサービスを購入するのに実際にいくつかの複雑な手続きを踏まなければならないのなら、その点について嘘をついたり、相手を騙してはいけない。現に複雑な手続きを要するなら、そのことは正直に述べなければならない。

だが、できるだけ、見込み客が払う時間的コストを節約できるよう、あなたなりの工夫をするといいだろう。もちろん、あなたが会社に許可を得ずとも独断できる範囲でだが。

効果を倍増させる練習の「ポイント」

完璧な台本をつくることができたら、後は練習あるのみである。

練習、練習、練習。台本を手に、実際に声に出して練習することだ。協力してくれる同僚や家族がいるなら、彼らの前で模擬的なセールスを行なってみるのもいいだろう。

とにかく、練習を過小評価してはいけない。事前のイメージトレーニングや、実際に声に出して練習しておくことは、あなたのセールスをより強力なものにしてくれる。練習方法について、私ができるアドバイスは次の3つだ。

まず、**カメラで模擬セールスを録画すること**。その録画を見直して、正しく行なえた部分と、上手くできなかった部分をよく観察する。

その際は、自分の台本の内容と、自分の伝え方を改善するためにはどうしたらいいのか、と自分に問いかけ、**少なくとも3つの改善点を考え出す**こと。あなたの台本がちゃんと成果を出せるようになるまで、これを繰り返してほしい。

そして、**同僚や友人、家族の前で練習をする**こと。一人で行なうイメージトレーニングだけでも効果はあるが、やはり人前で練習する方がいい。模擬的なセールスを終えたら、感想を聞いてメモしておく。

一人ひとりの感想に違いがあるのなら、なぜそうなったのかについて考えよう。彼らの感想を改善のために生かすのだ。

このような練習をしているうちに、上手くいくセールストークと、上手くいかないセールストークがだんだんと明確になってくる。

上手くいく方法は大切にし、上手くいかない方法には微調整を施《ほどこ》して、アプローチを変えていくようにする。

今は上手くいかない方法でも、改善の結果、あなたの収入を何倍にも伸ばすような秘策に大化けする可能性もあるのだ。

【著者プロフィール】
ジョーダン・ベルフォート　Jordan Belfort

国際モチベーショナル・スピーカー、元ストックブローカー。

証券会社ストラットン・オークモント社創業者。

1962年、アメリカ・ニューヨーク出身。投資銀行LFロスチャイルドにてストックブローカーとしてのキャリアをスタートさせる。年間5000万ドル以上稼ぎ、「ウルフ・オブ・ウォールストリート（ウォール街の狼）」との異名をとった。

のちに、証券詐欺とマネーロンダリングの罪で起訴され、22カ月間服役。現在は多額の賠償金を返済しながら、経営コンサルタント、セミナー講師として活動中。

50メートル級の超豪華ヨットを海に沈め、自宅の庭にヘリを墜落させるなど超ド級の半生が注目を集め、自身の回想録はニューヨーク・タイムズ紙のベストセラーに。

回想録は30カ国語に翻訳され、世界110カ国で発売。その後、レオナルド・ディカプリオ主演で映画化され、全世界で興行収入389億円を記録。映画はアカデミー賞5部門にノミネートされ、ゴールデングローブ賞受賞作品となる。


【監訳者プロフィール】
クリス岡崎　Chris Okazaki

世界No1サクセス・コーチ、アンソニー・ロビンズの主席通訳を長年務め、絶大な信頼を受ける日本人一番弟子であり、日本の代表的サクセス・コーチ。

たった20分のプレゼンテーションで1億円を売り上げ、世界の一流プレゼンターの1人と認められる。

世界的メガプロデューサーであるリチャード・タン氏より、世界トップクラスのスピーカーとして認められる。

聴衆を巻き込むスティーブ・ジョブズ系演劇的プレゼンの達人と称される。

世界的富豪や成功者たちとの交遊とアンソニー哲学を融合し、実践的成功哲学を確立。世界TOP3といわれるコーチングの心理学博士コニー氏の日本のパートナーであり、より実践的なコーチ、セラピスト、カウンセラー育成事業のための『日本ライフセラピスト財団』理事も務める。

編集協力／佐藤裕二（株式会社ファミリーマガジン）、森下裕士
装丁／河村誠
本文デザイン・DTP／野中賢（システムタンク）

ウォール街の狼が明かす
ヤバすぎる成功法則

2015年2月18日　初版発行
2024年4月11日　7刷発行

著　者　ジョーダン・ベルフォート
監訳者　クリス岡崎
発行者　太田　宏
発行所　フォレスト出版株式会社
〒162-0824 東京都新宿区揚場町2-18　白宝ビル7F
電話　03-5229-5750（営業）
　　　03-5229-5757（編集）
URL　http://www.forestpub.co.jp

印刷・製本　萩原印刷株式会社

ISBN978-4-89451-627-4　Printed in Japan